영어로 하는 **영어 수업**

ALL ENGLISH

TSUKAERU PHRASE MANSAI! ALL ENGLISH DE DEKIRU ACTIVE LEARNING NO EIGOJUGYO by Takao Yamamoto

Copyright ⓒ Takao Yamamoto, 2016

All rights resered.

Original Japanese edition published by GAKUYO SHOBO

Korean translation copyright ⓒ 2019 by Solbitkil

This Korean edition published by arrangement with

GAKUYO SHOBO, Tokyo, through HonnoKizuna, Inc., Tokyo, and BC Agency

영어로
하는

야마모토 다카오 山本崇雄 지음

정현옥 옮김

영어 수업

ALL
ENGLISH

솔빛길

Enjoy making mistakes!
실수를 즐기자!

이것이야말로 영어로 진행하는 수업에서 교사와 학생 모두에게 제일 필요한 마인드가 아닐까. 영어로 진행하는 수업 시간은 학생과 실수를 즐기면서 함께 성장할 수 있는 시간이어야 한다. 긴장의 끈을 조금 풀고 편한 마음으로 읽어주면 좋겠다.

오늘날 영어 교사는 지나치게 많은 능력을 요구받는다. 영어 수업은 영어로 진행해야 한다는 과제뿐 아니라 학생을 주체로 한 액티브 러닝 활동까지 연구해야 하므로 수업의 방향을 크게 틀어야 하는 교사도 많으리라.

2020년 도쿄 올림픽을 준비하면서 세계화에 대응하기 위한 정책이 영어 교사들에게까지 영향을 미치고 있다. 특히 영어로 진행해야 하는 수업 방식 때문에 머리를 부여잡고 끙끙대는 교사도 적지 않을 줄로 안다.

나 역시 햇병아리 교사 시절에는 영어로 말하며 수업하겠다는 발상 따위는 떠오를 겨를도 없었을 뿐 아니라 생활

지도에 쫓겨 수업 준비도 제대로 하지 못했다. 막연히 재미난 수업을 추구하면서도 날마다 시행착오만 겪었다. 그러다가 근무지와 가까운 곳에서 영어 연구 수업을 견학하고 놀라운 광경을 목격했다. 평범한 공립 중학교 1학년 학생들이 All English로 진행하는 수업에 초롱초롱한 눈빛으로 열정을 뿜어내고 있었다. 중학교 1학년 학생에게 영어로 수업을 진행하기란 아직 옹아리도 못하는 갓난아기에게 말을 시키는 것과 같다고 믿었던 나는 엄청난 충격을 받았다. 그 후로 나도 영어로만 수업을 진행하고 싶다는 뜨거운 염원을 가슴에 품고 수업 방식을 개선하기 시작했다.

그러나 영어로 진행하는 수업을 경험해본 적이 없는 내게는 과정이 그리 녹록지 않았다. 그래서 나는 두 가지 준비 과정을 거쳤다. 우선 영어로 진행하는 수업을 가능한 한 많이 견학했고 수업 시간에 쓸 영어(Teacher Talk)의 대본을 작성했다. 견학하면서 본 것들을 무작정 모방해 수업 시간에 사용할 수 있는 영어 표현을 늘려갔다. 교사가 되고 10년째, 나는 제53회 전국 영어교육 연구단체 연합회 도쿄 대회(2003)에서 1,000명의 참가자 앞에서 모델 수업을 진행했다. 그 큰 무대에서 공개적으로 지극히 평범한 공립 중학교 1학년 학생들과 영어로만 수업한 것이다. 학생들도 열정적으로 수업에 임해주었다.

그러나 나는 여전히 안개 속을 걷는 듯 잡히지 않는 답답함을 느끼고 있었고 이 답답함은 좀처럼 가시지 않았다. 그것의 정체가 무엇인지 일깨워준 경험이 2011년 동일본대지진이었다. 처음부터 다시 시작하며 일어서는 사람들의 강인함을 보면서 자립이란 무엇인지 깊이 고민한 결과, 내 수업에는 학생들의 자율성이 빠져 있었음을 깨달았다. 과거에 내가 진행하던 방식은 비록 영어로 진행하기는 했으나 교사인 내가 주도하는 강의식 수업이었다.

나는 학생이 주체적으로 배우지 않으면 자립한 학습자로 성장할 수 없다는 결론을 내렸고 내 수업 방식을 전면 수정했다. 바로 영어로 진행하는 액티브 러닝 수업의 출발이었다.

이렇게 내 수업에 큰 전환점을 맞은 2011년, 내게는 바로 전 직장이었던 료고쿠(両国)중·고등학교에서 중학교 신입생으로 들어온 학생들을 고등학교를 졸업할 때까지 6년 동안 교육할 수 있는 행운이 주어졌다.

이 책에서는 이 6년 동안의 액티브 러닝 활동을 예로 들어 영어로 수업을 이끌기 위한 표현들을 짧게 정리했다. 누구든 당장 적용할 수 있도록 활동별로 나누고 활동 순서도 구체적으로 설명했다. 이 책을 활용하면 중학교 1학년부터 고등학교 3학년까지 영어로 실시하는 액티브 러닝 수업을 이끌 수 있다. 부디 실수를 즐기면서, 적용하기 쉬운 활동부터 학생들과 함께 수업을 완성해가기 바란다.

마지막으로 영문을 세심하게 감수해준 마크 피파드(Mark Phippard) 선생님과 스테퍼니 스완슨(Stephanie Swanson) 선생님, 줄리언 분(Julian Boone) 선생님께 진심으로 고마움을 전한다.

2016년 11월
야마모토 다카오

❶ 이 책에서는 학생들의 액티브 러닝을 유도하는 다양한 활동 방법을 소개하고 있다.
직접 해보고 싶은 활동부터 도전해보자!

❷ 각 활동마다 이 책에 실린 영어 문장들을 순서대로 적용하면 학생들을 효과적으로 지도할 수 있으니 참고하기 바란다.

❸ 제7장에는 학생들이 외워두면 훨씬 즐겁게 수업에 참여할 수 있는 간단한 표현들을 모아놓았다. 복사해서 미리 나누어 주면 편리하다.

❹ All English로 진행하는 액티브 러닝 수업에 학생들의 적극적인 참여 하도록 이끌기 위한 꿀팁도 다양하게 실었다.
이 책이 교사 여러분의 수업에 도움이 되기를!

Good Luck !!

본문으로 GO!

|목차|

제4장　액티브 러닝 활동을 진행하는 순서와 기본 문장

제6장 시험 시간이나 문제 풀이 시간에
사용할 수 있는 기본 문장

제7장 학생들에게 이것만은 알려주자!

본문에 나오는 영어 문장 읽는 법

수업을 시작합니다.   I'll start <u>class</u> / <u>the lesson</u>, now.

밑줄친 단어는 다른 단어로 대체해서
읽어도 무방하다.

시작하자!
All English로 진행하는
액티브 러닝 수업

"왜 영어로 수업해야 하는가?", "영어로 진행
하는 액티브 러닝이란 어떤 방식을 말하는가?"
제1장에서는 이러한 질문에 답하면서 영어로
진행하는 액티브 러닝 수업을 제안한다.

영어 수업은
왜 영어로 해야 하나?

● 영어 수업은 영어로

　문부과학성(이하 문부성)은 '세계화에 대응한 영어교육개혁 시행계획 (2013년 12월)'에서 중학교 영어도 '영어로' 가르쳐야 한다는 방침을 내세웠다. 이미 영어로 진행하고 있는 고등학교 수업에는 기존보다 더욱 높은 수준(발표, 토론, 교섭 등)을 요구하고 있다. 2020년 도쿄 올림픽에 대비해 세계화에 대응한 교육 환경을 마련하려는 것이다.

　그러나 교육 현장에서는 영어로 진행해야 하는 수업에 대한 불안이나 오해의 목소리도 흘러나오고 있다. 수업을 영어로 진행하려면 어떤 방법을 써야 하는지, 지금까지 일본어로 전달하던 수업 방식을 모조리 영어로 바꾸어야 하는지 말이다. 난해한 문법까지 영어로 설명하는 바람에 학생 대부분이 내용을 이해하지 못하는 상황까지 발생한다.

　무엇을 위해 영어로 수업해야 하는가? 이 책에서는 영어를 소통의 도구로 이해하고 세계화한 사회에서 영어로 활약하는 인재를 육성하고자 영어로 진행하는 수업을 제안한다. 이것이 곧 액티브 러닝(Active Learning, AL) 영어 수업이며, 구체적으로는 다음 두 가지 부분에 중점을 두었다.

① 영어를 사용해 영어 학습법을 능동적으로 배운다.

② 영어를 통해 다양한 사고를 능동적으로 습득하고 자신의 생각을 표현한다.

이 책에서는 위와 같은 활동을 위한 영어 표현을 상황별로 정리했다. 그러므로 이 책에서 소개하는 활동과 표현을 쓴다면 액티브 러닝 수업을 성공적으로 이끌 수 있을 것이다.

◉ 영어로 수업하기 전에

일본어로 둘러싸인 일본 학교에서 영어로만 진행하는 수업은 어쩌면 이질적인 느낌을 줄지도 모른다. 학생들을 영어권으로 자연스럽게 인도하기 위해서는 자연스레 영어로 인사하는 습관을 먼저 들여야 한다.

만일 영어 학습 전용 교실을 마련할 여건이 된다면 게시물 등에 신경 쓰기도 수월하다. 일반 교실에서 수업할 때에도 쉬는 시간부터 영어 노래를 틀어놓는 등 수업에 자연스레 녹아들 수 있도록 분위기를 유도하자.

학생 입장에서는 그런 환경에 익숙해질 때까지 시간이 걸릴 것이다. 새로운 언어를 완벽하게 이해하지 못해 스트레스를 받을지도 모른다. 그럴 때 교사는 일본어를 사용해 학생에게 도움의 손을 내밀고 싶을 것이다. 그러나 교사가 일본어로 설명하면 학생은 '선생님은 내가 모른다고 하면 일본어로 설명해 주시는구나.' 하는 마음에, 교사가 말하는 영어에는 귀를 기울이지 않고 일본어에 기대려 한다.

그러니 학생이 영어를 영어로 이해할 수 있는 쉬운 활동을 반복하면서 자연스레 녹아들도록 해야 한다. 설명하기 어렵거나 복잡한 활동은 영어로 진행하는 수업에 적합하지 않다. 이 책에서 소개하는 활동은 모두 간단하므로 수업을 이끌어가는 데 어려움을 느끼지 않을 것이다. 핵심이 되는 활동을 중심으로, 학생이 능동적으로 영어를 배울 수 있도록 인내심을 갖고 도전하자.

액티브 러닝 활동의
필요성

● 무엇을 위한 액티브 러닝인가?

문부성에서는 액티브 러닝을 다음과 같이 정의했다.

교원의 일방적인 강의 형식 교육과 달리 수학자(修學者)의 능동적인 학습 참가를 이끄는 수업·학습법의 총칭. 수학자가 능동적으로 학습함으로써 인지적·논리적·사회적 능력 및 교양, 지식, 경험을 포함한 범용적 능력 육성을 꾀한다. 발견 학습, 문제 해결 학습, 체험 학습, 조사 학습 등이 해당하나, 교실 안에서 집단 토의나 디베이트, 그룹 워크 등도 유효한 액티브 러닝 방법이다.

– 문부성 산하 중앙교육심의회 제82회 총회「새로운 미래를 구축하기 위한 대학 교육의 질적 전환을 향해: 평생 학습하며 주체적으로 생각하는 능력을 육성하는 대학으로」중 용어집에서 발췌

여기에서 제시한 '집단 토의, 디베이트(토론), 그룹 워크(모둠 활동) 등'은 기존의 영어 수업에서도 적용해온 활동이므로 낯설지 않을지도 모른다.

여기에서 중요한 점은 배우는 학생이 능동적인지 여부이며, '인지적·윤리적·사회적 능력 및 교양, 지식, 경험을 포함한 범용적 능력 육성'을 목표로 삼고 있지 않으면 액티브 러닝 활동은 무의미하다는 점이다. 이

런 능력을 겸비한 사람은 자립했다고 볼 수 있다. 그러므로 액티브 러닝의 최종 목표는 학습자(위 용어집에는 '수학자'라 표기하였다.)의 자립이어야 한다. 단순히 짝 활동이나 모둠 활동을 적용한다고 해서 지금 시대가 요구하는 액티브 활동이 되지는 못한다.

◎ 이 책에서 제안하는 액티브 러닝

'들어가며'에서 설명한 바와 같이, 나는 이 책에서 액티브 러닝 활동을 다음과 같이 정의했다.

① 영어를 사용해 영어 학습법을 능동적으로 배우는 활동
② 영어를 통해 다양한 사고를 능동적으로 습득하고 자신의 생각을 표현하는 활동

이 책에는 이런 활동들을 '영어'로 진행하는 데 필요한 표현들을 가득 실었다. 액티브 러닝을 하기에 효과적인 여러 활동을 모았으며, 이 책에 실린 설명만으로도 바로 적용할 수 있도록 간결하게 정리했다.

◎ 액티브 러닝을 통해 학생의 미래를 본다

액티브 러닝 활동을 통해 학생들이 스스로 익힌 영어를 사용하고 사고력을 높이며 자신의 생각을 표현하고 사회에 공헌할 능력을 키울 수 있으리라 믿는다. 학생들이 10년 혹은 20년 후에 영어를 구사하며 사회에 공헌하는 모습을 상상하면서 수업을 진행하자.

액티브 러닝 수업이
추구하는 이미지

◉ 학생 모두 웃는 얼굴로, 진지하게, 의욕적으로 학습하는 장

위의 사진은 고등학교 3학년 2학기 수업 광경이다. 학생들이 목표를 향해 자율적으로 선택한 배움의 수단을 활용하면서 수업에 임하고 있다. 3학년인데도 입시를 염려하는 가시 돋친 기운은 느껴지지 않는다. 그러나 미래를 위해 이따금 진지한 시선을 던지며 착실하게 현재에 몰두하고 있다.

오른쪽 사진은 이 중 한 모둠을 클로  즈업한 것이다. 내가 추구하는 액티브 러 닝 수업의 이미지는 이처럼 웃는 얼굴이 다. 서로 도움을 주고받으면서 학문의 깊 이를 더하고 영어를 도구로 즐겁게 소통하는 모습이 엿보인다.

◉ 인간의 온기를 느낄 수 있는 활동

어떻게 하면 교실을 이렇듯 넘치는 웃음으로 채울 수 있을까?

나는 학생들이 목표를 달성하기 위해서는 서로 부대끼면서 시행착오를 겪어야 한다는 것을 늘 의식한다. 그래서 수업 시간에 인간 특유의 따뜻한 감성을 나눌 수 있는 활동을 많이 넣는다. 목표를 실현하기 위해 짝 활동이나 지그소 법 등의 다양한 액티브 러닝 방법을 사용한다.

학생들은 서로 어울리면서 자기 생각을 말하고 상대의 생각을 들음으로써 영어 표현 능력을 기르고 다양한 사고를 영어로 이해할 수 있는 실력의 토대를 쌓는다.

또 한 가지, 나는 학생들이 이끌어가는 활동 마지막에 반드시 고마움을 주고받도록 한다. 이것도 범용 능력을 육성한다는 문부성의 계획을 의식한, 사회인으로서 필요한 자질이며 수업을 통해 충분히 기를 수 있다고 믿기 때문이다. 따뜻한 온기를 느낄 수 있는 커뮤니케이션은 컴퓨터로는 불가능하다. 인공 지능에 밀리지 않을 소통 능력을 키워주자.

◉ 늘 학생의 자립을 기원한다

제일 중요한 점은 액티브 러닝 활동의 최종 목표가 반드시 학생의 자립이어야 한다는 것이다. 교사는 답을 가르치는 것이 아니라 활동을 응원하고 해결 방법을 조언한다. 사전이나 문법책 사용법, 인터넷으로 검색하는 방법, 발음 학습법 등 공부하는 수단을 자기 것으로 소화하면 학생은 스스로 학습할 수 있다. 그리고 "You should finish this task by 9:20. You can choose your favorite activities." 등과 같이 학생에게 학습 방법을 선택할 권한을 주면 주체성과 책임감을 기를 수 있다. 가정에서도 부모가 어떻게 가르칠지 고민할 필요가 없다. 이것이 자립한 학습자의 공부법이다. 이야말로 문부성이 말하는 '인지적·윤리적·사회적 능력 및 교양, 지식, 경험을 포함한 범용적 능력 육성'으로 이어진다고 생각한다.

영어를 영어로
이해할 수 있는 학생으로

● 영어를 자국어로 옮기지 않고 이해하기 위해

디베이트 대회에 고등학교 1학년 학생들을 출전시킨 적이 있다. 외국 체류 경험자가 속한 상대 학교의 신속한 질의응답에 우리 학교 학생들은 무릎을 꿇을 수밖에 없었다. 이런 토론의 장에서 상대가 하는 말을 일일이 여과할 시간은 없다. 물론 찬찬히 읽으며 생각을 정리할 필요가 있는 읽을거리에는 일본어가 유효한 수단으로 작용한다. 그러나 일상생활에서 유연하게 소통하기 위해서는 영어를 어느 정도 영어 그대로 받아들일 수 있어야 한다.

이를 위해서 나는 교사들에게 중학교 1학년 때부터 영어로 수업하기를 권한다. 학생의 머릿속에 물음표만 무수히 떠오른다 해도 해석해주어서는 안 된다. 학생 입장에서는 모르면 선생님이 해석해줄 것이라 믿게 되고 영어를 들으려고 하지 않기 때문이다. 몸동작이나 그림을 사용해 이해할 수 있는 부분부터 조금씩 활동 범위를 넓혀가자. 활동 내용을 영어로 설명할 수 있는가가 활동 수준을 가늠하는 기준이다. 학생이 영어로 이해할 수 없는 복잡한 활동은 영어로 진행하는 수업에 적합하지 않다고 판단하기 바란다.

● Accuracy(정확성)보다 Fluency(유창함)

일본인은 실수가 두려워 영어를 입 밖으로 내지 못한다고들 한다. 하지만 나와 함께 수업하는 학생들 입에서는 영어가 술술 나온다. 나는 이를 'Enjoy making mistakes(실수를 즐기자.)'라는 수업 규칙 중 하나가 몸에 밴 결과라고 믿는다. 새롭게 배우는 언어이므로 발음이 서툴 수밖에 없다. 학생의 실수를 바로잡아야겠다는 욕구를 누르고 제대로 소통하기 위한 유창함을 우선순위에 두고 키워주자.

스피킹 테스트에서도 발음의 Accuracy(정확성)를 높이라고 조언하긴 하지만 실력 평가 수단으로서 점수를 매기지는 않는다. 실수하더라도 전하려는 말을 상대가 알아들을 수 있으면 된다.

● 의미를 이미지화하기

영어를 영어로 이해하려면 의미를 이미지화하는 작업이 중요하다. 다시 말해, 영어로 들은 내용을 머릿속에 구체적으로 그려볼 수 있으면 의미를 이해하기 쉽다. 그림을 그리는 활동은 영어를 이미지화하는 데 효과적이다. 'Listen and Draw'는 영어로 들은 내용을 그림으로 표현하는 활동이다. 이 활동에 익숙해지면 직접 그림을 그리지 않고서도 영어로 들은 내용을 이미지화할 수 있다.

● 영어로 진행하는 수업은 종합적인 능력을 향상한다

영어로 수업하는 횟수가 늘수록 이미지화하는 속도는 빨라진다. 이는 읽기 능력에도 크게 영향을 미친다. 듣는 귀가 열리면서 영어를 들은 순서대로 이해할 수 있게 되고 영어로 된 글을 읽을 때도 영어와 같은 어순으로 이해할 수 있다. 문법·독해의 경우, 관계 대명사 뒤에서 명사를 수식하거나 할 때 뒤에서부터 해석하기도 하므로 읽는 속도가 떨어진다. 하지만 영어로 진행하는 수업은 일본어 어순을 의식할 필요 없이 영어를 영어로 이해할 수 있으며, 이는 곧 읽기 능력 향상으로 이어진다.

영어로 진행하는 수업은 영어의 네 기능(듣기, 말하기, 읽기, 쓰기)을 향상하기 위한 기초를 탄탄하게 한다. 료고쿠 중·고등학교에서는 중학교 과정에서 영어 능력 검정 준2급, 고등학교 과정에서 준1급 자격 취득을 목표로 공부하는데, 다수의 학생이 목표를 달성하고 있다.

영어로 수업하는 분위기에 부담을 느끼는 학생이 있다면?

◉ "왜 영어로 해요? 이해를 못 하겠어요."

영어로 진행하는 수업에 익숙하지 않은 학생은 영어 수업에 반발심을 갖기도 할 것이다. "왜 그래야 해요?", "일본어로 설명해주세요." 하고 교사가 쓰는 영어에 볼멘소리를 할지도 모른다.

아마도 학생들이 불만을 품는 이유는 성실해서일 것이다. 이들은 '틀려서는 안 된다. 모르면 안 된다.'라는 완벽주의에 가까운 성향을 지니고 있어서 모르는 것을 부끄러운 것이라고 인식하고 있는 학생들이다. 이런 심리적인 벽을 조금씩 허물어가겠다는 각오가 필요하다.

◉ 소중한 세 가지 규칙

내 수업에서의 규칙을 소개하겠다.

Everyone should…
☐ listen, speak, read, write and move.
☐ enjoy making mistakes.
☐ say "Thank you." when your friends do something for you.

수업을 영어로 진행할 때 "Everyone should…"라는 말로 시작하여 '한 사람도 빠짐없이 모두' 참여하기를 강조하자. 첫째 규칙 중 move는 모르는 내용이 있을 때 친구에게 질문하기 위해 움직여도 좋다는 의미다. 둘째 규칙인 '실수를 즐기기'는 영어로 진행하는 수업에서 특히 중요한 의미를 지닌다. "Don't be afraid of making mistakes."라고 하면 실수가 원래는 두려운 것이라고 받아들이기 쉽다. 오히려 즐기자고 속 시원히 말하자. 셋째 규칙인 '고마움 표현하기'는 영어라는 수단을 통해 짝이나 모둠에 도움을 주고 그로 말미암아 발생한 고마운 감정을 나누는 경험을 쌓도록 돕는다. 고마움을 영어로 표현하는 법을 배워 자신감을 얻은 학생들은 영어로 말하기를 일상화하게 된다.

◉ 활동 내용에 세심한 배려를

나는 학생들에게 영어로 말하기를 지도할 때 '학생들이 쓰는 영어 표현은 따라 하기 80%, 자기만의 표현 20%'로 유지하도록 주의한다. 다른 사람이 말하는 영어를 따라 하는 활동은 곧 모델 발음을 흉내 내며 반복적으로 내용을 묘사하거나 의견을 말하는 활동이다. 올바른 표현 훈련하기라 불러도 무방하다.

이에 반해 자기만의 표현은 학생 본인의 주관적인 의견 등 창의력을 요구한다. "What did you do yesterday?"라는 얼핏 간단해 보이는 질문에도 대답하는 길은 무한대로 펼쳐진다. 이런 경우에 어떻게 말해야 좋을지 주저하다가 말문이 막히기도 한다. 이러한 자기표현 등 독자적인 영어 능력을 필요로 하는 활동은 예상 외로 어렵다.

그래서 내 수업에서는 교과서에 실린 그림을 묘사하고(80%) 감상을 덧붙이는(20%) 방법을 쓴다. 교과서에 있는 내용을 묘사하는 방법은 학생 한 명을 대표로 모델 발음을 제시할 수 있으므로 학급 학생 전원이 80%에 해당하는 따라 하기 활동을 달성할 수 있다. 자기 감상을 제대로 표현하지 못했다 해도 활동을 통한 성취감을 충분히 느낄 수 있다는 말이다. 그러다가 학생들이 익숙해지면 비율을 조정하면서 감상 등 창조력이 필요한 활동을 늘리면 된다.

처음에는 읽기 훈련이나 발음 연습을 중심으로 학생들이 영어로 진행하는 수업에 서서히 녹아들도록 유도하자. 끈기 있게 두 달 혹은 석 달 동안 지켜보면서 포기하지 않도록 독려하면 학생도 자신의 영어 실력이 늘었음을 실감할 것이다.

6

영어로 수업하기
두려운 교사들에게

◉ 영어로 진행하는 수업을 견학하면서 연구한다

나도 교사 초임 시절에는 주로 우리말로 영어를 가르쳤다. 그러나 교사 1년 차이던 어느 날, 중학교 1학년 학생들을 대상으로 영어로만 수업하는 광경에 충격을 받았다. 나도 그처럼 영어로 수업을 진행해보고 싶다는 간절함이 내 궤도 수정의 첫걸음이었다. 그러니 여러분도 다양한 영어 수업을 견학하다 보면 목표를 발견할지 모른다. 내가 참가하고 있는 영어수업연구회(https://jugyou.eigo.org)에서는 실제로 수업하는 모습이 담긴 동영상을 보면서 수업 방법을 논의하고 연구한다. 참가비는 없으니 이런 연구회에 참가하는 방법도 생각해볼 만하다.

◉ 교실 영어의 특수성

일상 회화에는 익숙하다 해도 교실 영어에 적응하지 못하는 경우가 있다. 교실에서 사용하는 영어는 조금 특수하기 때문이다. "Put your desks side by side(옆 친구와 책상을 붙여주세요.)."라는 말을 평소에 쓸 일이 있겠는가. 교실에서 활동하는 모습을 떠올리면서 조금씩 외우는 수밖에 없다.

이 책에는 액티브 러닝 수업에서 사용하는 표현들이 자세하게 나온다. 활동별로 나누어 정리했기 때문에 수업 내용에 맞추어 어휘력을 늘려갈 수 있다. 공책에 활동 순서를 적어 넣고 활동마다 중요한 지시 사항을 덧붙인 후 간단한 대본을 만들어놓으면 교단에 설 때 긴장감을 덜 수 있다. 대본을 한 번 만들어놓으면 같은 활동을 반복할 때마다 활용할 수 있으며, 새로운 표현을 추가하면서 본인만의 대본을 완성할 수도 있다. 이 책을 이용해 본인만의 개성 있는 표현집을 만들어 동료와 공유할 수 있으면 성공적인 시도라 하겠다.

◉ 교사도 Enjoy making mistakes!

교사가 실수를 두려워하면 학생은 도전하지 못하고 점점 움츠러들며 실수를 통한 성장도 기대하기 어렵다. 나는 자주 어법에 맞지 않는 표현도 쓰고 발음도 틀린다. 료고쿠 중·고등학교에서는 중·고등학교 통합 교육(중학교와 고등학교 교육을 하나로 통합해 6년 동안 교육하는 방식으로 흔히 '중고일관제(中高一貫制)'라 한다.─옮긴이 주)을 하므로 학생들도 6년째가 되면 내가 영어로 말할 때의 버릇이나 실수를 금방 눈치챈다. 내가 실수하면 학생들의 표정이 바뀌니까 그들의 얼굴을 보다가 내 실수를 깨닫기도 한다. 그럴 때는 "Enjoy making mistakes!" 하고 웃어넘기자. ALT(Assistant Language Teacher, 원어민 보조 교사)와 함께 수업을 할 때는 그들이 내 발음을 수정해주기도 한다. 가끔씩 교사가 실수하는 모습도 학생들에게는 꽤 쓸모 있는 촉진제 역할을 한다.

◉ 영어는 수단임을 인식시킨다

그렇다고 시도 때도 없이 틀리는 교사는 신뢰를 잃을 우려가 있으니 주의하자. 실수해도 대수롭지 않게 대처하면서 영어를 그저 도구로써 사용하고 있음을 인식시키자. 영어로 설명하는 모습이나 영어를 사용해 자원봉사하는 모습 등이 적절한 예다. 교사가 영어를 사용해 교실 내외에서 활동하는 모습은 학생들에게 영어를 왜 공부해야 하는지 짚어볼 기회를 제공한다.

영어를 할 수 있으면 여러 사람과 연결 고리를 맺기 쉽다. 영어를 사용해 누군가를 구할 수도 있다. 내 꿈은 졸업생들과 영어를 통해 필리핀의 빈민가에 사는 아이들을 지원하는 일이다. 교사가 영어를 사용해 봉사하는 모습은 학생들이 영어를 도구로써 받아들이고 영어 학습의 목적을 상기하는 훌륭한 계기가 될 것이다.

모든 수업에 적용하라!
기본 문장과 수업 노하우

제2장에서는 출결 확인, 목표와 규칙 확인, 수업 중 기본적인 지시 사항 등 수업에서 매번 반복적으로 쓸 수 있는 문장을 소개한다. 영어로 진행하는 수업의 핵심이며, 날마다 쓸 수 있는 문장이다.

자연스러운 수업 분위기를 유도하는
인사·출결 확인

◉ 영어 수업을 영어로 진행하기 위한 분위기 만들기

수업 시간에도 일본어를 사용하고 쉬는 시간에도 일본어로 이야기꽃을 피우는 학생들을 자연스레 영어의 세계로 끌어들이기 위해서는 부담 없는 인사말부터 영어로 하는 것이 이상적이다. 쉬는 시간부터 학생들과 영어로 인사해두면 자연스럽게 수업에 녹아들 수 있다. 쉬는 시간에 영어 노래를 틀어놓아도 영어 학습 분위기를 만드는 데 효과적이다. 영어로 수업을 진행하기 위해서 인사한 시점부터 5분까지의 시간이 중요하다. 영어 수업용 전용 교실이 갖춰진 학교의 경우에는 교실로 이동하는 동안 학생 한 명 한 명과 자연스레 인사를 나눌 수 있다. 그 경우에는 미리 인사를 나눈 상황이므로 교실에서 일제히 인사할 필요도 없다. "차렷, 경례, 바로"와 같은 일본어 구령에 맞추어 인사를 하다 보면 영어의 세계로 들어갈 타이밍을 놓치기도 한다. 그런 인사 방식은 과감하게 던져버리는 것도 방법이다.

나는 수업 중에도 음악을 틀어놓아 다른 과목과 차별성을 두려고 시도한다. 불쑥 영어로 이야기를 시작하면 학생들이 민망해할지도 모르므로 조금 다른 공간에 와 있는 듯한 느낌을 주면서 '지금만큼은 영어로 말하는 세상에 있는 거야.' 하고 스스로 마음을 가다듬도록 말하기 편한 분위기를 만들어가자.

인사말 응용

안녕하세요! +[상대 이름]	Good <u>morning</u> / <u>afternoon</u>, +[<u>class</u> / <u>everyone</u> / <u>students</u> / <u>boys and girls</u> / <u>Mr. Tanaka</u>]!
오늘 기분은 어떤가요? +[상대 이름]	How are you, +[<u>class</u> / <u>everyone</u> / <u>students</u> / <u>boys and girls</u> / <u>Mr. Tanaka</u>]?
앞뒤, 옆 친구들과 인사하세요.	Say "Hello" to the people around you.

출결 확인 (수업 시작)

출석을 부르겠습니다.	I'll call the roll.
오늘 결석한 사람이 있나요?	Who is absent today?
다들 왔지요?	Is everyone here today?
자리에 누가 없어요?	Who isn't here?
아베는 양호실에 있나요?	Is Ms. Abe in the nurse's room?
그 학생은 공결 처리하면 되나요?	Is it an authorized absence?
출석부는 어디에 있습니까?	Where is the <u>roll book</u>/<u>register</u>?
출석 번호 순으로 앉으세요.	Sit according to your student number.
수업을 시작하겠습니다.	I'll start <u>class</u> / <u>the lesson</u>, now.
그럼 시작하죠.	It's time to start now. / Let's get started.

간단하고 응용도 가능한 질문
"오늘은 무슨 날?"

● 날짜 확인하기

영어 수업 시간 중에 날짜를 물어보는 말은 그리 어색한 질문이 아니다. 하지만 무엇을 위해 물어보는가? 액티브 러닝 방식으로 수업할 때는 활동마다 분명한 목적과 목표를 설정해놓아야 한다. 가능하면 학생들의 일상과 연관시키거나 생활에 활력을 줄 수 있는 목적이나 목표가 이상적이다. 스기모토 가오루(杉本薫) 선생님(료고쿠 중학교)은 학생들에게 며칠인지 물은 후에 "이날이 무슨 날인가요?" 하고 질문을 이어가면서 다음과 같은 흐름으로 대화를 주고받는다.

T (Teacher) : What is the date today? (오늘은 며칠인가요?)

S (Students) : It's September 3. (9월 3일입니다.)

T : Do you know what is special about today? (오늘이 무슨 날인지 아나요?)

S : No, I don't. (모르겠습니다.)

T : Today is Doraemon's birthday! (오늘은 도라에몽이 태어난 날이에요!)

날마다 생일과 기념일 등이 적어도 하나씩은 맞물려 있으므로 아이디어가 떠오르지 않아 곤란할 일도 없다. 유명인의 생일이나 기념일은 인터넷에서 검색하면 된다. 학생들에게 발표할 기회를 차례대로 주어도 좋다.

날짜 · 요일을 묻는 활동 응용

오늘은 몇 월 며칠입니까?	What is the date today?
짝에게 오늘이 며칠인지 물어보세요.	Please ask your partners what today's date is.
오늘은 무슨 요일입니까?	What day (of the week) is it today?
짝에게 요일을 물어보세요.	Please ask your partners what day it is today.
무슨 요일을 제일 좋아하나요?	What day do you like the best?
무슨 요일을 싫어하나요?	What day don't you like?
허공에 수요일을 영어로 써보세요.	<u>Spell</u> / <u>Write</u> "Wednesday" in the air.
오늘이 무슨 날인지 맞춰보세요.	Guess what today is.
오늘은 무슨 날일까요?	Do you know what today is?
오늘은 미키 마우스가 태어난 날이에요.	Today is Mickey Mouse's birthday.
1154년 12월 19일에 영국에서 헨리 2세가 왕위에 올랐어요.	Henny II was crowned king of England on December 19, 1154.

웹사이트 HISTORYNET(http://www.historynet.com/)에서 Today in History(과거의 오늘 어떤 일이 일어났나?)에 대한 정보를 손쉽게 얻을 수 있다.

액티브 러닝의 목표와 규칙을
제시하자

● 도달해야 할 목표와 규칙을 알려준다

액티브 러닝 수업에서는 학생에게 자율적인 학습을 요구한다. 그러므로 무엇을 위해 공부하는지 교사가 명확하게 알려주어야 학생은 목표를 향해 능동적으로 학습한다. 수업을 시작하면서 그 시간의 목표를 분명하게 알려주어야 한다. 여기에는 목표를 제시하는 방법과 구체적인 예를 문장으로 제시해놓았다.

또한, 액티브 러닝 수업을 영어로 진행하는 데 필요한 규칙을 반복적으로 언급하면서 학생들이 인지하도록 하자.

나는 수업을 통해 학생들에게 훗날 강인하게 살아갈 힘을 길러주고자 '스스로 누군가를 위해 움직이기', '실패를 두려워하지 않기', '주위 사람에게 감사하기'를 중요한 키워드로 넣어 규칙을 만들었다.

규칙마다 "Everyone should..."라는 말로 시작해 '모두' 참여하기를 강조했다. 첫째 규칙의 포인트는 영어의 네 가지 기능을 풍부하게 활용할 것과 움직일 것(move)이다. 특히 짝 활동이나 모둠 활동을 할 때 정보를 공유하기 위해 자유로이 움직이며 돌아다니는 자세를 존중한다. 실수를 마음껏 즐길 것, 수업 중에 고마움을 수없이 표현할 것도 둘째와 셋째 규칙으로 만들었다. 학생들은 고마움을 나누면서 교실을 안정적인 공간으로 인식하고 함께 배우는 집단의 일원으로 성장해간다.

내가 학생들에게 강조하는 규칙

Everyone should...

☐ Listen, speak, read, write and move.

☐ enjoy making mistakes.

☐ say "Thank you." when your friends do something for you.

규칙 확인

이 수업의 중요한 세 규칙을 말할 수 있습니까?	Can you say the 3 important rules for this class?
오른쪽/왼쪽 학생은 규칙을 짝한테 말하세요.	Students on the <u>right</u> / <u>left</u> tell your partners the rules.
이제 스크린에 규칙을 보여줄게요.	Now I'll show you the rules on the screen.
규칙을 큰 소리로 읽어보세요.	Read the rules in a loud voice.
중요한 규칙을 이해했나요?	Do you understand these important rules?

목표 확인

오늘 수업의 목표를 알려주겠습니다.	I'll tell you the goal for today's lesson.
오늘의 목표는 그림을 사용해 섹션 3의 내용을 이야기하기입니다.	Today's goal is that you can retell the story of section 3 with pictures.
오늘 목표는 섹션 2를 큰 소리로 읽기입니다.	Today's goal is that you can read section 2 in a loud voice.

오늘 목표는 문법 포인트 이해하기입니다.	Today's goal is for you to understand today's grammar point.
오늘의 토픽에 관한 의견을 적어주세요.	I want you to write your opinion about today's topic.
오늘 수업에는 세 개의 목표가 있습니다.	There are 3 goals today.
1. 모둠 활동에서 멤버와 협력 하기입니다.	1. To cooperate with the other members of your group in group-work.
2. 오늘의 문법을 사용해 간단한 대화문 만들기입니다.	2. To make easy conversation using today's grammar.
3. 오늘의 이야기에 관해 짧은 작문하기입니다.	3. To write a short essay about today's story.
오늘의 목표는 몇 개입니까?	How many goals are there today?
오늘의 세 가지 규칙을 말할 수 있나요?	Can you say today's 3 rules?
오늘의 'Big Question'※은 '더 나은 세상을 만들기 위해 무엇을 바꾸고 싶은가?'입니다.	Today's 'Big Question' is 'What do you want to change to make the world a better place?'
오늘의 'Big Question'을 말해보세요.	What is today's 'Big Question'?

※ 'Big Question'이란 그날 배울 단원 안에서 미리 뽑아낸 큰 주제의 질문을 말한다. 답이 하나로 정해지지 않는 열린 질문(Open Question)을 제시해놓으면 학생들은 답을 구하기 위해 적극적으로 수업에 참여한다. 단원이 끝날 때마다 실시하는 Oral Presentation(108쪽 참조) 방식을 적용해 답을 적어내도록 하면 자연스레 단원 평가 시험이 된다.

All English로 가능한 액티브 러닝 영어 수업

수업 중에 사용하는 기본적인 표현

● **다양한 수업 현장에서 반복적으로 사용하는 표현**

어떤 수업에서건 학생들에게 지시할 때 기본적으로 사용하는 문장은 정해져 있다. 다음 페이지부터는 모든 활동에 반복적으로 사용할 수 있는 편리한 표현을 소개하겠다.

영어로 수업을 진행하면 처음에는 학생들이 어리둥절해하겠지만, 철저하게 영어만 쓰도록 하자. 여기에서 소개하는 표현은 여러 차례 반복적으로 나오는 문장들이다. 조금씩 이해시키면서 핵심 문장으로 소화하도록 도와주자.

영어만으로 수업 내용을 전달하기 위해 미리 그림이나 영문으로 보여주거나 똑같은 활동을 수차례 반복하면서 수업이 어떻게 흘러가는지 학생들이 감을 잡도록 하면 효과적이다. 가능한 한 흔하고 정형화된 표현을 사용하면 학생들은 금방 따라온다.

간혹 모든 학생이 지시를 알아들을 수 있도록 설명해야 한다는 조급함이 일기도 하겠지만, 모르는 내용은 알려주지 말고 주위 친구들에게 물어보게 하자. 모르면 행동하고 누군가에게 도움을 청하는 일도 학습자가 자립하기 위해 갖추어야 할 능력이다.

주의를 환기할 때 쓰는 표현

주목해주세요.	Pay attention, please. / Focus!
(내 뒤에 있는) 스크린을 주목하세요.	Please pay attention to the screen (behind me).
나를 보세요.	Eyes on me.
얼굴과 몸을 이쪽으로 돌려주세요.	Turn your face and body toward me.

동의를 구하는 표현

시작할까요?	Shall we start? / May I go ahead?
(말한 내용을) 알겠어요?	Do you understand (what I said)?
다음에 무엇을 할 차례인가요? (알고 있는가를 확인)	What will we do next?
이 문제에 어떤 방법으로 하고 싶어요? 혼자서, 짝 활동으로, 아니면 모둠 활동으로 할까요?	How do you want to work on this? By yourself, in pairs or groups?

지시할 때 쓰는 표현

볼펜/형광펜/교과서를 꺼내세요.	Take out your pens / highlight markers / textbooks.
자세를 바로잡으세요.	Sit up straight.
준비되었나요?	Is everybody ready / OK?
교과서 70쪽을 펴세요./다음 장으로 넘기세요.	Open your textbook to page 70. / Turn the page.

17쪽 위/아래에서부터 다섯째 행을 보세요.	Look at the 5th line from the <u>top</u> / <u>bottom</u> of page 17.
공책을 덮고 연필을 내려놓으세요.	Close your notebooks and put your pencils down.
중요한 말을 할 테니 잘 들으세요.	Listen to me carefully. I'll tell you something important.
인쇄물을 파일에 끼워 넣으세요.	Put your handouts into your files.
끝나면 손을 들어주세요.	If you finish, <u>put your hands up</u> / <u>raise your hands</u>.

프린트(인쇄물)를 나눠주거나 걷을 때 쓰는 표현

새로운 워크시트/인쇄물/복사본을 나누어 주겠어요.	I'll give you new <u>worksheets</u> / <u>handouts</u> / <u>copies</u> for this lesson.
워크시트/인쇄물/복사본은 모두 석 장입니다.	There are three <u>worksheets</u> / <u>handouts</u> / <u>copies</u> in total.
이쪽 열에는 몇 명이 앉아 있나요?	How many <u>people</u> / <u>students</u> are there in this line?
자, 여기 있어요.	Here you are.
남은 인쇄물은 나한테 주세요.	If there are extra handouts, please return them to me.
워크시트/인쇄물/복사본이 다 있나요?	<u>Do you have</u> / <u>Have you got</u> all the <u>worksheets</u> / <u>handouts</u> / <u>copies</u>?
워크시트를 (뒤에서부터) 앞으로 전달하세요.	Pass your worksheets (<u>from the back</u>) to the front / <u>forward</u>.

뒤에서부터 용지를 (앞으로) 모아 주세요.	Collect the papers from the back (to the front).
책상 제일 뒤에 앉은 학생은 공책을 걷어주겠어요?	Could the students in the last row collect the notebooks?

짝 활동 · 모둠 활동을 할 때의 표현

두 명씩 짝을 만드세요.	Let's make pairs. / Everyone, pair up!
돌아다니면서 (새) 짝을 찾으세요.	Walk around and find a (new) partner.
짝한테 물어보세요.	Please, ask your partners.
짝끼리 마주 보세요.	Face your partners.
옆 친구와 책상을 붙이세요.	Put your desks side by side.
책상을 돌려서 마주 보고 앉으세요.	Turn your desks and sit facing each other.
마주 보고 서세요.	I'd like you to stand facing each other.
가위바위보를 해서 이긴 사람부터 말하세요.	Play rock-scissors-paper and winners start talking.
오른쪽/왼쪽 열 학생부터 시작하세요.	Right / Left side students will start first.
오른쪽/왼쪽에 앉은 학생부터 시작하세요.	The students (who are) sitting on the right / left side will start first.
짝을 바꾸세요.	Let's change partners.
역할을 바꾸세요.	Change your roles / parts.

6~7명씩 모둠을 만드세요.	Let's make groups of six or seven.
책상을 이동해서 네 명이 한 모둠을 만드세요.	Move your desks to make a group of four.
후쿠다 군, 이 모둠에 들어갈래요?	Mr. Fukuda, could you join this group?
(위치를 가리키면서) 모둠에서 이쪽에 앉은 학생부터 시작하세요.	The students (who are) sitting at this place in groups start first.
사회자를 한 명 정하세요.	Choose 1 chairperson in a group.
사회자는 다른 멤버에게 질문을 시작하세요.	Chairpersons, start asking the question to the other members.
사회자는 남고 다른 멤버들은 모둠을 바꾸세요.	Chairpersons, you stay in the groups. The other members, change groups.
새 멤버들끼리 인사하세요.	Say "Hello" to the new members.
사회자는 앞에서 논의한 내용을 확인하세요.	Chairpersons, confirm / review the previous discussion.
새로운 사회자를 정하세요.	Choose a new chairperson in your group.
책상을 원래 위치로 되돌려놓으세요.	Turn your desks back.
자기 자리로 돌아가세요.	Go back to your original seat.

학생을 위한
피드백에 신경 쓰자

● 칭찬과 격려의 중요성

액티브 러닝 수업에서는 학생들끼리 다양한 활동을 한다. 이들이 활동에 참여하는 동안 교사는 한 명 한 명의 모습을 자세히 관찰하면서 노력하는 모습을 찾아내어 그때마다 격려의 말을 끼워 넣거나 칭찬하면서 피드백하자.

액티브 러닝 수업은 강의식 수업에서 교사가 세세하게 지시를 내리는 수업에 비해 학생들의 활동을 관찰하는 시간이 길어지므로 학생이 어떤 상태인지 파악하기 쉽다. 완벽주의라서 매우 불안해하는 학생이 나오기도 하고, 좀처럼 활동에 끼지 못하는 학생을 발견하기도 한다. 학생이 모둠 활동 중에 그런 모습을 보일 때는 교사가 먼저 다가가 활동에 임하는 자세를 칭찬하거나 마음에 걸리는 부분이 무엇인지 물어보면서 용기를 북돋아야 한다.

학생은 안심할 수 있으면 의욕적으로 활동에 참여한다. 학생들끼리 도움을 주고받거나 고마움을 전함으로써 안도감을 느끼는 교실로 발전하는 가운데 옆에서 지켜보는 교사의 한마디도 큰 힘이 되므로 학생들의 모습을 면밀히 관찰하면서 필요에 따라서 여러 방법으로 대응하자.

칭찬할 때의 표현

다이고 군, 잘하는데!	Good job / Excellent / Well done / Perfect / Brilliant, Daigo!
맞았어, 야스히로.	That's right / correct, Yasuhiro!
리나가 하는 말은 똑똑하게 잘 들리는데!	Your voice was very clear, Rina!
큰 소리로 읽어주어서 고마워.	Thank you for reading in a loud voice.
발음/눈맞춤/자세가 훌륭해.	Your pronunciation / eye contact / posture was excellent.
글씨를 잘 쓰는구나.	Your handwriting is beautiful / neat.
아주 깨끗하게/잘 썼어.	You write very beautifully / well.
네 발음/글씨는 이해하기 쉽구나.	Your pronunciation / writing is easy to understand.

격려할 때의 표현

아깝구나, 유토.	Very close / Almost / You are almost right, Yuto!
다음엔 잘 할 거야.	You will do better / Everything will be OK next time.
네 발음/작문/스피치가 나날이 늘어가는데.	Your pronunciation / writing / speech is getting better.
늘 열심히 하는 모습이 보기 좋구나.	You always work hard / try your best.
한번 해봐./상상해봐.	Give it a try. / Take a guess.

조언할 때의 표현

네 영어 실력은 훌륭해. 그런데 잘 들리지 않네.	Your English is very good but I can't hear you clearly.
좀 더 큰 소리로 말해줄래?	Could you speak a little louder?
답은 맞아. 좀 더 분명하게 말할 수 있겠니?	Your answer is correct but could you say it more clearly?
좋은 생각이지만 아주 옳은 건 아냐.	That's a good idea, but it's not quite right.
멋진 생각/추측이지만 다시 생각/추측해보자.	Good thinking / guess, but try again.
아깝구나! 조금만 더!	You are very close, keep going!
그런 생각은 못 했구나. 훌륭한 생각 / 의견이야.	I never thought of that. You have good ideas / opinions.
잘 알았어. 예를 들어줄래?/좀 더 자세하게 설명해줄래?	I understand but can you give an example / more details?
더 잘할 수 있어! 좀 더 힘을 내!	You can do it! Keep trying / working!
눈맞춤에 좀 더 신경 쓰면 자신감이 생길 것 같은데.	If you keep more eye contact, you will look more confident.
집에서 교과서 읽기를 더 연습하자.	Let's try to keep reading the textbook aloud at home.
집에서 CD를 들으면 발음이 향상될 거야.	Listen to the CD at home, and your pronunciation will be better.
CD를 따라 읽다 보면 나중에는 술술 읽을 거야.	Repeat after the CD, and your fluency will improve.

수업 도입 단계에
활용하기 쉬운 간단한 활동

제3장에서는 워밍업 활동이나 수업 복습, 도입에서 반복적으로 사용할 수 있는 문장을 정리했다. 파워포인트를 이용한 ICT 활용 예도 소개한다.

배운 단어를 시각화하는 '사전 찾기 빙고'

◉ 매시간 사전을 사용하는 습관 들이기

중학교 초기 입문 단계에서는 학생들이 사전과 친해지도록 수업마다 사전 찾기 시간을 갖자. 영어 공부의 기본을 쌓기 위해서는 사전 활용이 매우 중요한 역할을 한다.

내 수업에서는 사전을 펼쳐 조사한 단어에 붙임쪽지 붙이기를 지도한다. 붙임쪽지에 찾은 순서와 찾은 단어를 적은 후 해당 페이지에 붙이고 조사하면서 새로 알게 된 내용도 워크시트나 공책에 메모하도록 한다. 첫 수업에서 20~30개의 붙임쪽지를 붙이면 학생들이 자부심을 느끼며, 붙임쪽지의 개수를 더욱 늘리고 싶다는 의지를 품을 것이다.

수업의 위밍업 단계로 최적화된 '사전 찾기 빙고'라는 활동과 그 활동에 필요한 예문을 소개하겠다.

사전 찾기 빙고는 교사가 타깃(taget)으로 삼은 단어를 말하고 학생들이 사전을 펼쳐 한 번에 그 단어를 발견하면 "빙고!" 하고 외치는 간단한 게임이다. 한 단계 발전시켜 찾은 단어를 이용해 예문을 만들도록 하거나 단어의 의미를 설명하도록 지도하자.

사전 찾기 게임을 통해 두꺼운 사전에 대한 심리적인 압박감을 줄여주고 사전을 더욱 가까이할 수 있도록 유도한다. 학생이 단어의 의미를 물어도 즉각 답하지 말고 직접 사전을 찾아보게 하자.

사전 찾기 빙고(Dictionary Bingo) 진행 방법

① 타깃 단어를 말하기

그날 수업에 나올 단어를 사용하면 효과적이다.

자, 오늘의 타깃 단어를 말하겠습니다.	Now I'll tell you today's target word.
오늘의 타깃 단어는 'walk'입니다.	Today's target word is "walk".

② 한 번에 타깃 단어를 발견할 수 있도록 유도하기

한 번에 사전에서 'walk'를 발견하자마자 "빙고!"라고 외치세요.	If you can find "walk" in your dictionary in one try, say "Bingo!".
손가락을 'w' 마크가 있는 곳에 놓고 그 단어가 어디에 있을지 짐작해보세요.	Please put your fingers on the mark "w" and guess which page the word is on.

③ 동시에 사전을 펼치기

그럼 준비되었나요? 3, 2, 1 여세요!	OK. Are you ready? Three, two, one ... open!
한 번에 단어를 발견했나요?	Have you found the word in one try?
만일 빙고라면 손을 드세요.	If you get a bingo, please raise your hand.

한 단계 발전한 활동

'walk'를 사용해 예문을 만들어 보세요.	Could you tell me an example using "walk"?
재미 있는 예문이 있나요?	Are there any interesting examples?
'walk'의 의미를 말해줄래요?	Could you tell me the meaning of "walk"?

조사한 단어에 붙임쪽지 붙이기

포스트잇을 꺼내 그곳에 단어를 적으세요.	Take out your post-it / sticky note and write the word on it.
'walk' 부분에 그것을 붙이세요.	Put the post-it / sticky note where the word "walk" is.
새 포스트잇에 다음 번호를 적으세요.	Write the next number on the new post-it / sticky note.

학생이 사용한 사전 (가나자와 아야네 : 당시 중학교 1학년)

말문을 열어주는 '스몰 토크(small talk)'

◉ 말하고 싶은 주제 정하기

'스몰 토크'란 교사가 간단한 질문이나 화제를 던지면 학생들끼리 짝을 이루어 대화하거나 반 친구들 앞에서 발표하는 활동이다. 본격적인 수업에 들어가기 전에 몸풀기용으로 할 수 있다.

매일 수업 초반에 학생 한 명을 지목해 스몰 토크로 발표하거나 페어 토크(Pair Talk)로 대화하도록 정해두어도 좋다.

스몰 토크를 지도할 때는 본인이 이야기하고 싶은 주제를 고르게 한다. 듣는 학생들에게는 "Please say good things about it(이 이야기에서 어떤 점이 좋은지 말해주세요.)."라고 말해둔다. 발표자는 일상생활에 관한 주제를 부담 없이 이야기할 수 있고 나머지 학생들은 발표자의 이야기에 집중하면서 쉬는 날 무엇을 했는지, 아침에는 무슨 반찬을 먹었는지, 연휴에 무엇을 하고 싶은지, 어떤 텔레비전 프로그램을 시청했는지와 같은 회화를 주고받으며 점점 이야기 속으로 빠져들 것이다.

나는 자주 문제 상황을 설정해서 그에 관해 짝을 지어 논의하도록 한다. "친구가 상처를 입어 입원했어요. 병원에 가서 위로의 말을 전하세요.", "이런 문제를 안고 있는 사람에게 조언해주세요."등 일상 대화보다 조금 어려운 상황을 연출해서 학생 스스로 생각하고 말하도록 과제를 부여하는 방법이다. 디베이트의 논제 등 찬반이 나뉘는 주제도 적용할 만하다.

스몰 토크 주제 1: 일상생활

어제/주말에 무엇을 했나요?	What did you do <u>yesterday</u> / <u>over the weekend</u>?
짝에게 오늘 아침/어제저녁에 무엇을 먹었는지 말하세요.	Tell your partners what you ate <u>this morning</u> / <u>for dinner yesterday</u>.
집안일을 도와드리나요? 무엇을 하나요?	Do you help with the house work? What do you do?
아침에 일어나면 무엇을 먼저 하나요?	What do you do after you get up?
샤워만 하는 쪽인가요, 탕 안에서 시간을 보내는 쪽인가요?	Which do you prefer, taking a shower or taking a bath?
패밀리 레스토랑에 가면 무엇을 먹고 싶은가요?	If you go to a family restaurant, what do you like to eat?
일주일 동안 휴가를 얻는다면 무엇을 하고 싶은가요?	If you have one week holiday, what do you want to do?

스몰 토크 주제 2: 말문 열어주기

텔레비전을 보면서 다른 일을 할 수 있나요?	Can you do other things while you are watching TV?
길눈이 어두워 늘 헤매는 친구가 있습니다.	Your friend always gets lost every time <u>he</u> / <u>she</u> goes anywhere.
그 친구에게 어떻게 해야 할지 조언해주세요.	Advise your friend what <u>he</u> / <u>she</u> should do.
몸이 안 좋아 보이는 친구가 병원에 가지 않겠다고 합니다.	Your friend looks very sick, but refuses to go to the hospital.

친구가 병원에 가도록 설득하세요.	Try to convince your friend to go to the hospital.
친구 한 명이 다리에 골절을 입어서 병원에 입원했습니다.	One of your friends is in the hospital because he / she broke his / her leg.
친구를 만나서 위로의 말을 건네세요.	Meet him / her and say something.

스몰 토크 주제 3: 논의로 발전시키기

스포츠 관람과 경기 참여 중 어느 쪽이 좋은가요?	Which do you like better, watching sports or doing sports?

※ Dogs of cats / writhing a letter or sending an e-mail / summer or winter / swimming in the pool or in the sea 등으로 대체 가능

"일본의 모든 고등학생(중학생)은 외국으로 수학여행을 가야 한다." 라는 말에 의견을 내주세요.	"All Japanese (junior) high school students should go foreign countries on their school trip." Discuss it.

※ 전국고교영어 디베이트연맹의 웹사이트(http://www.henda.jp)를 통해 과거 대회에 제시된 논제를 확인할 수 있다.

선생님들은 매일 학생들에게 숙제를 내줍니다. 학생에게 날마다 숙제가 필요할까요? 여러분의 주장을 뒷받침하는 명확한 이유와 근거를 제시하세요.	Many teachers assign homework to students every day. Do you think that daily homework is necessary for students? Use specific reasons and details to support your answer.

(TOEFL에 실린 Writing Topics 중에서 발췌)

문법도 손쉽게 마스터하는 '가로세로 드릴'

● 문법은 익히기보다 익숙해지라

액티브 러닝 활동 중 어떤 방식을 적용해 문법을 가르쳐야 할지 고민하는 선생님도 있을 것이다. 문법은 수없이 되풀이하면서 익숙해지는 방법이 제일이므로 문법 학습서 활용을 권한다.

문법 학습서는 종류가 다양하므로 교사마다 사용하기 편리한 것을 선택하면 된다. 내가 사용한 것은 『영어 가로세로 드릴』로, 그 책에 사용된 학습법인 '가로세로 드릴'은 가로축에 있는 단어와 세로축에 있는 단어를 조합해 문장을 완성하는 학습법이다.

이 드릴을 처음 사용할 때는 교사가 주도하면서 학생이 사용법을 익히도록 도와주어야 한다. 학생들은 우선 첫 페이지를 교사와 함께 풀면서 영문 완성법을 이해한다. 그다음부터는 누가 먼저 완성하는지 게임을 하면서 문법에 자연스레 익숙해지도록 유도한다.

20초 만에 몇 문장을 읽을 수 있는지 겨루거나 짝끼리 랜덤으로 문제를 내가면서 빨리 읽기, 모두 몇 문장 읽었는지 겨루기 등을 통해 학습 의욕을 북돋운다. 또 읽으면서 괄호 안에 단어 적어 넣기, 2분 만에 문장 많이 쓰기 등을 겨룰 수도 있다.

이처럼 게임 감각을 접목하면서 같은 페이지를 수차례 반복함으로써 저절로 외우는 효과를 기대하자.

『영어 가로세로 드릴』 페이지 일부

Read! Read! Read! : 20초 동안 빨리 읽기

가로세로 드릴을 꺼내 45쪽을 펼치세요.	Take out your Tate-yoko drill and open to page 45.
앞으로 20초 주겠습니다. 영어 문장을 가능한 한 많이 읽으세요.	Now I'll give you 20 seconds to read as many sentences as possible.
문장을 몇 개 읽었나요?	How many sentences did you read?

Read & Write : 2분 동안 많이 쓰기

2분 주겠습니다. 문장을 가능한 한 많이 적으세요.	Now I'll give you 2 minutes to write as many sentences as possible.
소리 내어 읽으면서 문장을 쓰세요.	Write sentences while reading them aloud.
문장을 몇 개 썼나요?	How many sentences did you write?

Reading Race 리딩 레이스

짝끼리 마주 보세요.	Face your partners.
문장을 빨리 모두 읽으세요.	Read all the sentences as fast as <u>you can</u> / <u>possible</u>.
다 읽은 후에는 미소 지으며 짝을 기다리세요.	If you have read all the sentences, wait for your partners with a smile.

Reading Relay 리딩 릴레이

여러분, 일어서세요.	Stand up, everyone.
짝끼리 한 문장씩 교대로 읽으세요.	In pairs, I want you to take turns reading each sentence aloud.
모든 문장을 읽었다면 짝과 하이 파이브를 하세요.	If you read all the sentences, give your partners a high five.

Pairwork : 짝끼리 문제를 주고받기

짝과 가위바위보를 하세요.	I want you to play rock-scissors-paper with your partners.
이긴 사람은 무작위로 문장 번호를 말하세요.	Winners say the sentence number at random.
진 사람은 번호에 해당하는 문장을 재빨리 읽으세요.	Losers read the sentence as quickly as possible.

All English로 가능한 액티브 러닝 영어 수업

짝끼리 즐겁게 할 수 있는 단어장 활동

◉ 단어장도 짝 활동에 이용한다

고등학생 수준이 되면 단어장을 이용해 단어를 정리하면서 학습하는 활동도 효과적이다. 단어장을 이용하면 짝끼리 문제를 내면서 능동적으로 학습할 수 있다.

처음에는 교사가 학생들에게 문제를 내어 빠르게 대답하는 훈련을 시키면서 단어장 사용에 적응하게 하자.

예를 들어, 그날 배울 단어가 들어 있는 페이지를 펼쳐 뜻이나 철자, 유의어 및 반의어를 답하게 하거나 공책에 적도록 한 후에 발음 연습을 시킨다.

발음 훈련은 짝끼리 가위바위보를 해서 이긴 학생이 단어를 읽고 진 학생이 따라 읽거나 CD를 틀어놓고 따라서 연습하기를 반복 훈련시킨다. 짝끼리 단어 맞추기 문제를 주고받거나 단어를 읽어 내려가는 활동을 통해 단어장을 학습하도록 하면서 본격적인 수업에 들어가기 전 워밍업 단계로 활용하면 좋을 것이다.

워밍업 활동도 학생들이 한 가지 활동에 적응할 때까지 빈도수를 늘리면서 반복하다가 익숙해진 후에 활동 수를 늘려 날짜별로 구분해서 적용하면 학생들도 늘 신선한 느낌을 받으며 참여할 수 있다.

단어장 활동에 쓸 수 있는 문장들을 소개하겠다.

단어장 활동의 흐름

① 교사가 주도하여 학생이 활동에 익숙해지도록 하기

단어장을 꺼내서 47쪽을 펴세요.	Now take out your vocabulary books and open to page 47.
단어 문제를 내겠습니다. 재빨리 답하세요.	I'll give you a vocabulary quiz. Answer my questions quickly.
'internationalization'은 무슨 뜻 인가요?	What does "internationalization" mean in Japanese?
'국제화'를 영어로 뭐라고 하나요?	How do you say "gukjehwa" in English?
'internationalization'의 철자를 말 할 수 있나요?	How do you spell "internationalization"?
'quick'의 유의어는 무엇인가요?	What is a synonym of "quick"?
'increase'의 반대말은 무엇인가요?	What is an antonym of "increase"?
이 질문을 짝한테 해보세요.	Please ask this question to your partners.
'admit'을 사용해 문장을 만드세요.	Make a sentence using "admit".
'deforestation'이라는 낱말을 공책 에 적으세요.	Write "deforestation" in your notebooks.
힌트를 주겠습니다.	I'll give you some hints.
그 단어는 'd'로 시작하는 여덟 글 자입니다.	The word starts with "d" and has 8 letters.

② Small Teachers : 짝끼리 발음 연습하기

짝과 가위바위보를 하세요.	i want you to play rock-scissors-paper with your partners.
이긴 사람이 단어를 읽고 진 사람은 따라 하세요.	Winners will read the words and losers will repeat.
CD를 틀어주겠습니다. 발음을 주의 깊게 듣고 따라 하세요.	I'll play the CD. Listen to the pronunciation carefully and repeat.

③ Pair Work : 짝끼리 문제 내기

(가위바위보에서) 이긴 사람이 먼저 단어 퀴즈를 내세요.	Winners will make the vocabulary quiz first.
(가위바위보에서) 진 사람은 재빨리 답하세요.	Losers will answer the quiz quickly.
의미뿐 아니라 철자나 유의어, 반의어도 질문하세요.	Ask not only meanings but also spelling, synonyms and antonyms.
상대가 모르면 힌트를 주세요.	If your partners have no idea, please give him or her some hints.
이제 역할을 바꾸세요. 진 사람이 단어 퀴즈를 내세요.	It's time to change parts. Losers will make the vocabulary quiz.

그림을 이용해 교과서 내용 복습하기

● 교과서에 실린 그림을 영어로 표현하기

교과서에 실린 사진이나 그림을 이용해 내용을 영어로 말하는 활동이다. 지난 수업에서 배운 내용을 영어로 말하면서 복습 효과를 기대한다.

교과서에 실린 사진이나 그림을 스크린에 비추거나 칠판에 크게 걸어놓고 화면에서 누가 보이는지, 어느 계절인지, 등장인물이 무엇을 하고 있는지 답하거나 설명하도록 지시한다. 사진이나 그림을 보면서 대답하는 활동은 매우 쉬워서 영어를 배우기 시작한 초급자라도 당장 따라 할 수 있으므로 초등학교나 중학교 1학년 수업에 어울리는 활동이다.

짝 활동을 할 때는 가위바위보 등 게임의 특성을 접목하거나 스피치를 들은 후에 상대를 칭찬하도록 한다. 학생들끼리 칭찬을 주고받으면서 상대의 이야기에 긍정적인 반응을 나타내는 자세가 몸에 배도록 하자.

그에 맞는 지시를 할 수 있도록 문장들을 정리했다.

그림을 사용해 내용을 복습하는 활동의 흐름

① 교사가 주도하여 학생이 활동에 익숙해지도록 하기

(내 뒤에 있는) 스크린에 주목하세요.	May I have your attention on the screen (behind me)?
지난 수업 시간에 배운 내용을 복습하겠습니다.	I want you to review the story we learned in the previous lesson.
(스크린에) 이야기의 그림을 보여 줄 거예요.	I'll show you the pictures that relate to the story (on the screen).
우선, 그림에 누가 보이나요?	First, who can you see in the picture?
그다음, 그들은 어디에 있나요?	Next, where are they?
그럼, 계절은 언제인가요?	Then, <u>what season is it?</u> / <u>when is the season?</u>
몇 시인가요?	What is the time?
그들은 무엇을 하고 있나요?	What are they doing?
리사가 뭐라고 했나요?	What did Risa say?
어떤 그림인지 설명할 수 있나요?	Could you explain the picture?
더 이야기할 수 있나요?	Could you tell me more?

② Pair Work : 짝끼리 그림을 설명하기

짝과 가위바위보를 하세요.	I want you to play rock-scissors-paper with your partners.
이긴 사람은 영어로 그림을 설명하세요.	Winners, you will explain the pictures in English.
진 사람은 짝의 설명을 듣고 긍정적인 반응을 보여주세요.	Losers, you will listen to your partners and give positive feedback.
진 사람은 짝의 스피치 중에서 좋았던 부분을 세 가지 말해보세요.	Losers, you will say 3 good points of your partners' speech.
(설명 후에) 이야기에 대해 코멘트를 해주세요.	(After the explanation) Make comments about the speech.
역할을 바꾸세요. 진 사람은 영어로 그림을 설명하세요.	Change parts. Losers will explain the pictures in English.
이제 그림을 보고 서로 질문하세요.	Then, ask each other questions about the pictures.

머리에 쏙쏙 들어오는 '짝끼리 음독(音讀) 활동'

◉ 복습을 위한 음독 활동

이미 배운 내용을 읽는 활동이다. 복습의 개념이므로 내용을 알고 있어야 한다. 수업 안에 교과서나 긴 문장 읽기를 집어넣을 때 내용을 모르면 효과를 기대하기 어려우므로 학생들이 내용을 이해한 후에 음독 활동을 적용하자.

음독을 통해 내용을 확인한 다음에는 발음을 좀 더 자연스럽게 구사할 수 있도록 CD 플레이어 등을 사용해 연습한다.

짝끼리 가위바위보를 해서 상대가 음독하는 것을 듣기, 다 들은 후에 내용 요약하기, 짝이 읽는 문장을 받아쓰기 등의 방식으로 전개한다. 짝 활동을 하면 한목소리로 동시에 읽기보다 훨씬 시간이 많이 소요되지만, 상대를 의식하면서 읽기 때문에 한층 정확한 발음을 기대할 수 있다.

단순히 읽고 쓸 수 있으면 된다는 안일한 생각을 하지 않고 짝 활동을 통해 상대에게 어떻게 전달해야 할지 의식하도록 과제를 설정하면 효과적이다. 이야기의 요점을 정리해서 상대에게 설명하게 하거나 문장 전체에서 제일 중요한 문장을 하나 골라 말해주는 등 최종적으로는 상대에게 내용 전달하기를 목표로 음독 활동을 유도하자.

짝끼리 진행하는 음독 활동의 흐름

① 짝의 음독 들어주기

짝과 가위바위보를 하세요.	I want you to play rock-scissors-paper with your partners.
이긴 사람은 51쪽을 큰 소리로 읽으세요.	Winners, you will read page 51 in a loud voice.
진 사람은 짝이 읽는 것을 들으세요.	Losers, you will listen to your partners' reading.
짝이 다 읽은 후에 코멘트를 해주세요.	After your partners' reading, please make comments about it.
역할을 바꾸세요. 진 사람이 51쪽을 읽고 이긴 사람은 잘 들으세요.	Change parts. Losers will read page 51. Winners will listen (to it).
이긴 사람은 짝의 음독에 대해 코멘트를 해주세요.	Winners will make comments about your partners' reading.

② 읽은 후 내용 요약하기

39쪽을 모두 큰 소리로 읽읍시다.	I want you to read page 39 together in a loud voice.
읽은 후에 줄거리를 말하세요.	After reading, I want you to summarize the story.
읽은 후에 중요한 두 문장을 고르세요.	After reading, I want you to pick up two important sentences.

All English로 가능한 액티브 러닝 영어 수업

읽은 후에 이야기의 요점을 설명하세요.	After reading, I want you to explain the punch line of the story.
그럼 읽어볼까요? 준비되었지요? 시작!	OK. Let's start reading. Are you ready? Go!
짝과 가위바위보를 하세요.	Play rock-scissors-paper with your partners.
이긴 사람이 줄거리를 말하세요.	Winners, you will start summarizing the story.

③ 읽은 후 발음 확인하기

그럼 발음을 CD로/브라운 선생님과 확인하겠습니다.	Now check the pronunciation with the CD / Mr. Brown.
CD/브라운 선생님의 발음을 잘 듣고 따라 하세요.	Listen to the CD / Mr. Brown carefully and repeat.

④ 받아쓰기

짝과 가위바위보를 하세요.	Play rock-scissors-paper with your partners.
이긴 사람은 27쪽을 한 문장씩 읽으세요.	Winners, you will read page 27 sentence by sentence.
진 사람은 문장을 공책에 받아쓰세요.	Losers, you will write it down in your notebooks.
이긴 사람은 짝의 답을 확인하세요.	Winners, check your partners' answers.

도입부에서 할 수 있는 복습 활동 ❸

혼자서, 짝과 함께, 즐겁게 '섀도잉'

◉ 능동적으로 섀도잉에 참여하기

'섀도잉(Shadowing)'이란 CD 플레이어 등에서 모델 발음이 흘러나오면 두세 단어 늦추어 읽으면서 그 발음을 흉내 내어 읽는 활동이다. 발음 교정과 듣기 능력 향상에 효과가 있지만, 의미를 모른 채 흉내만 내는 읽기로 변질될 우려도 있다. 그러므로 읽기 시간과 마찬가지로 짝과 서로 들어주면서 활동하면 좋을 것이다.

어느 활동이건 짝이나 모둠을 만들어서 진행하면 참여한 학생들은 보람을 느낀다. 상대를 의식함으로써 영어가 도구임을 깨닫게 하자.

우선 혼자 도전하기

먼저 아이 섀도잉※을 하겠습니다.	First, I want you to do "eye shadowing".

※ 아이 섀도잉 : 잠자코 듣기만 하는 섀도잉. 읽는 대신 손가락을 움직인다.

손가락을 문장의 첫 부분에 두세요.	Put your fingers at the first sentence.
CD 플레이어에서 흘러나오는 소리를 들으며 손가락으로 단어를 따라가세요.	Trace the words with your finger with the CD.

소리 내서 읽을 필요는 없지만 입은 움직여도 좋습니다.	You don't have to read aloud, but you can mouth the words.
CD를 들으세요. 처음 두세 단어를 들은 후에 큰 소리로 읽기 시작하세요.	Listen to the CD, and when you hear the second or third word, you can start reading aloud.
섀도잉 후에 짝을 지어 이야기에 대해 의견을 나눌 것입니다.	After shadowing, I want you to talk about the story in pairs.
스테퍼니 선생님과 섀도잉을 하겠습니다.	Let's do shadowing with Stephanie.
스테퍼니 선생님이 30쪽을 읽을 것입니다. 뒤따라 섀도잉하세요.	Stephanie will read page 30. I want you to shadow her reading.
리듬이나 억양에 주의하세요.	Be careful with the rhythm and intonation.
의미를 잘 파악해야 합니다.	It's important to think about / connect with the meaning.

짝과 함께 하는 섀도잉

짝과 가위바위보를 하세요.	Play rock-scissors-paper with your partners.
이긴 사람부터 섀도잉을 시작하세요.	Winners, you will do shadowing first.
진 사람은 짝의 섀도잉을 체크하세요.	Losers, you will check your partners' shadowing.
진 사람은 짝의 섀도잉에 대해 코멘트를 하세요.	Losers, you will make comments about your partners' shadowing.
이제 역할을 바꾸겠습니다. 진 사람이 섀도잉하세요.	Now, let's switch parts. Losers will do shadowing.

읽는 속도가 빨라진다! '크레디트 롤 리딩'

● 크레디트 롤 리딩도 짝 활동으로

'크레디트 롤 리딩(Credit Roll Reading)'이란 영화의 엔딩 자막처럼 움직이는 문장을 따라가며 읽는 활동이다.

교과서나 교재에 실린 영문을 파워포인트의 텍스트 박스에 입력한 다음 애니메이션 기능을 이용해 문장이 서서히 사라지도록 설정한다. 이때 문장을 의미 덩어리별로 구별하면 편리하다.

문장이 사라질 때까지 시간을 1분으로 설정하면 텍스트 박스의 단어 수가 WPM(Word Per Minute : 1분간 읽을 수 있는 단어 수)이 된다.

전원이 한 행씩 읽기, 둘씩 짝을 지어 한 행씩 교대로 읽기, 짝 중 한 명이 읽고 상대에게 어떤 내용인지 요약해서 설명하기 등 다양한 방법으로 응용할 수 있다. 교대할 때 하이파이브를 하게 하면 학생들도 흥이 오른다.

의미 덩어리별로 문장을 읽으므로 어떤 식으로 영문을 끊어 읽어야 할지 점점 이해의 폭이 깊어진다.

나는 특히 새로운 단원을 시작할 때나 긴 문장을 새로 접할 때 이 활동을 한다. 동영상을 이용해 모르는 문장을 무조건 읽어보게 할 수 있다. 힘든 경험을 통해 '불가능을 가능으로 만들고 싶다.'라는 동기를 부여하자.

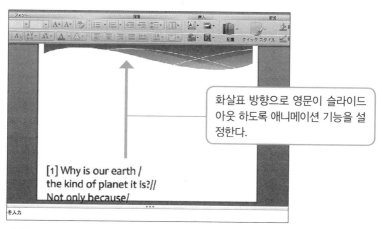

크레디트 롤 리딩 활동 순서

크레디트 롤 리딩을 하겠습니다.	Let's do "credit roll reading".
짝과 가위바위보를 하세요.	Play rock-scissors-paper with your partners.
짝끼리 한 문장씩 교대로 읽으세요.	I want you to read aloud sentence by sentence alternately in pairs.
이긴 사람이 먼저 문장을 읽으세요.	Winners will read the first sentence.
읽은 후에 내용을 요약하세요.	After reading, I want you to summarize the story.
이야기의 의미를 잘 파악하면서 읽어야 합니다.	It's important to think about / connect with the meaning of the story.

다음에는 글자가 더 빠르게 움직일 거예요.	Next, it will move / scroll up faster.
문장이 잘 보이나요?	Can you see the sentences clearly?
안 보이면 앞으로 나와도 좋아요.	If you can't see the sentences, you can move to the front.
이번에는 혼자서 크레디트 롤 리딩에 도전합시다.	I want you to try credit roll reading by yourself.
텍스트 박스에는 100개의 단어가 들어 있습니다.	There are 100 words in the textbox.
1분 안에 다 읽으면 WPM*은 100이 됩니다.	If you can read it within 1 minute, your WPM is 100.

※ WPM = Word Per Minute(1분에 읽을 수 있는 단어 수)

◆WPM 계산식
총 단어 수 ÷ 음독 초 × 60 = WPM
예) 270단어÷180초×60＝90WPM

150WPM＝뉴스 아나운서
200WPM＝네이티브가 일상적으로 회화하는 수준
300WPM＝네이티브가 눈으로 읽는 수준

크레디트 롤 리딩을 이용해 글자가 사라지는 시간을 1분으로 설정하면 텍스트 박스에 입력한 단어 수가 WPM이 되고, 학생도 WPM을 실감할 수 있다.

액티브 러닝 활동을
진행하는 순서와
기본 문장

제4장에서는 액티브 러닝 수업에서 자주 하는 활동을 영어로 진행하기 위한 문장들을 정리했다. 후반부에는 교과서를 사용한 액티브 러닝 활동도 소개한다.

어떻게 수업을
이끌어갈 것인가

◉ 자립한 학습자로 키우겠다는 의지

지금까지 내가 주장한 바와 같이, 영어로 진행하는 액티브 러닝 수업의 종착역에는 자립한 학습자가 있어야 한다. 학생들이 집에서도 자율적으로 영어를 학습할 수 있도록 활동을 구성하자. 이 책에서 소개하는 활동들은 학생을 능동적으로 학습하게 하고 자립으로 이끄는 힌트이다. 활동 자체가 목적이 되지 않도록 학생의 자립을 늘 의식하기 바란다.

◉ 학생이 능동적으로 학습에 임하려면

액티브 러닝 활동 중에는 학생이 능동적으로 성장할 수 있도록 도와주는 기본적인 장치들이 있다. Think-Pair-Share나 지그소 법, 미닛 페이퍼(Minute Paper), 자리 이동 방식 등은 영어뿐 아니라 도덕을 비롯한 모든 과목에서도 응용할 수 있으며 학급 활동에서도 활용할 수 있는 활동이므로 과목을 염두에 두지 말고 여러 교사와 방법을 공유하기 바란다.

◉ 액티브 러닝 방식으로 교과서 배우기

교과서를 어떻게 다루는가는 교사에 따라 천차만별이다. 하지만 액티브 러닝 수업에 교과서를 사용하는 경우 역시 목적은 '교과서를 자율적으로 학습하는' 자세 훈련이다. 교과서에 있는 내용을 왜 배우는지 미래에 영어를 이용할 여러 장면에 접목하면서 일깨우자. 예를 들어 영자 신문처럼 영어로만 쓰인 글을 읽는 학생을 상상해보자. 학생이 생각에 깊

이를 더하고 그 생각을 표현하는 상황까지 내다볼 수 있어야 한다. 영자 신문을 읽을 때 제일 처음 눈을 두는 곳은 사진이다. 사진을 보면서 기사의 내용을 예측하고 표제어를 훑은 다음 필요한 정보를 추려내는 과정이 자연스러운 흐름일 것이다. 수업에서도 이런 순서를 밟는다면 학생들은 교과서로 공부한 방법을 성장한 후에도 활용할 수 있다.

교과서 단원에 실린 사진을 보고 우선 내용을 예측한(Guess Work) 다음, 눈으로 대강 훑어보고 나서 정독으로 넘어가는 흐름으로 이해하면 된다. 마지막에는 배운 내용을 구두로 발표하거나 적으면서 자기 생각을 표현하면 발표력이나 작문 실력까지 키울 수 있다.

◉ 다른 사람을 위해 움직인다

교과서를 이용한 활동에도 '다른 누군가를 돕기 위한' 장치를 집어넣자. 예를 들어, 교과서 본문을 네 등분해서 지그소 법을 이용해 읽는다면 교과서를 읽는 목적이 '팀의 구성원에게 정보를 전하기 위해서'라는 인식을 하게 되고 영어를 도구로써 인식하는 경향도 뚜렷해진다. 읽기 훈련 또한 짝을 이루어 한 사람이 읽고 다른 한 사람이 듣는 역할을 하면 상대에게 들려주기 위한 읽기가 된다. 전원이 한목소리로 읽는 방법보다 시간은 두 배로 걸리지만, 학생들은 한층 적극적인 자세로 임할 것이다.

◉ 교과서를 이용해 발전적인 활동으로 확장하기

교과서를 응용하면 토론이나 토의와 같은 고차원적인 활동으로 발전시킬 수도 있다. 책 속 내용 중에는 찬반양론으로 나뉘는 소재도 들어 있으므로 이런 경우에는 토의나 토론에 도전하게 하자. 학생 수준에서 어려우리라 판단되는 내용은 역할극을 통해 논의의 틀만 갖추어 유사 체험을 하게 해도 좋다.

이런 활동들은 모두 학생들의 미래와 연결된다. 학생들이 미래에 국제화된 세계에서 영어로 활약할 모습을 그리면서 수업을 구성하자.

2

액티브 러닝의 기본 활동 ❶

발표력을 기르는 'Think‑Pair‑Share'

◎ 자신감을 얻기 위한 단계 밟기

Think‑Pair‑Share는 교사가 질문하면 우선 스스로 생각하고(Think) 생각을 짝끼리 나누며(Pair) 모둠이나 학급에서 생각을 공유하면서(Share) 사고력을 높이는 활동이다. 여기에서는 준비 단계에서 사용할 수 있는 간단한 회화의 예를 들어보겠다. 이 밖에도 교과서 질의응답이나 토의 및 토론을 통해 의견을 피력할 때 이 과정을 거치면 효과적이다.

Think-Pair-Share 진행 방법

① 교사가 질문을 던지기

여러분, 이제 주말의 일정을 말해 보세요.	OK. Students, I want you to talk about your plans for this weekend.

② 스스로 답을 찾도록 시간을 주기(Think)

주말에 무엇을 할지 생각해보세요.	I want you to think about your plans for this weekend by yourself.
공책에 생각을 적어도 괜찮습니다.	You can write your ideas in your notebooks.

| (준비 시간은) 1분 주겠습니다. | I'll give you one minute (for preparation). |

③ 짝끼리 의견을 교환하기 (Pair)

짝을 만들어 마주 보고 앉으세요.	Make pairs and sit face to face.
가위바위보를 하세요.	Please play rock-scissors-paper.
이긴 사람은 짝한테 "주말에 무엇을 할 거야?" 하고 물어보세요.	Winners, please ask your partners "What will you do this weekend?"

④ 모둠이나 학급에서 짝끼리 대화한 내용을 발표하기 (Share)

〈모둠으로 in groups〉

네 명이 모둠을 만들어 가위바위보를 하세요.	Make four-person groups and play rock-scissors-paper.
이긴 사람은 짝의 주말 일정을 이야기해주세요.	Winners, you will tell your partners' plan for this weekend.
모둠 안에서 시계 방향으로 돌아가며 이야기하세요.	Speak in turns in a clockwise order in groups.

〈학급에서 in the classroom〉

유카, 짝의 일정을 말해줄래요?	Yuka, could you tell us your partner's plan?
본인의 주말 일정을 말해줄래요?	Could you talk about your plan for this weekend?
유카는 이번 주말에 무엇을 할까요?	What will Yuka do this weekend?

액티브 러닝의 기본 활동 ❷
머리를 맞대자! '지그소 법'

◉ **친구를 위한 활동이다**

'지그소 법'은 모둠 구성원이 각자 맡은 정보를 가지고 모여 전체적인 이야기를 완성함으로써 이해의 폭을 넓혀가는 활동이다. 교실 네 구석에 각기 다른 정보를 붙인 후 네 명이 한 모둠을 이루어 각자의 정보를 모으는 데서 '4 corners'라고도 한다.

지그소 법은 다음과 같은 흐름으로 진행된다.

① 먼저 활동 목표를 알려준다("To understand the story of section 3" 등).
② 네 명이 하나의 모둠을 만든다.
③ 교실 네 곳에 간격을 두고 붙인 종이 중 각자 맡은 부분만 확인하러 가서 정보를 숙지한 후 제자리로 돌아간다(예를 들어 여덟 줄의 문장 중 두 줄씩 적혀 있으면 학생들은 자기 담당 부분인 두 줄만 읽으러 간다.).
④ 자기 모둠으로 돌아와서 읽은 부분이 어떤 내용이었는지 구성원들에게 전한다.
⑤ 내용을 취합해 모둠별로 발표한다.

한 사람 한 사람이 지그소 퍼즐처럼 한 조각만 들고 모여서 전체 내용을 완성하는 활동이므로 '지그소 법'이라 한다.

다음 페이지부터는 중학교 저학년생에게 적용할 수 있는 간단한 지그소 법을 소개하겠다.

지그소 법 진행 방법

❶ 교사가 활동 목표나 순서를
알려준다.

❷ 네 명이 하나의 모둠을 만든다.

❸ 교실 네 곳 중 자신이 담당한
곳으로 가서 거기에 있는
종이의 내용을 숙지하고
돌아온다.

❹ 자기 모둠으로 돌아와서
담당한 부분의 내용을
전달한다.

❺ 어떤 내용이었는지 모둠별로 발표한다.

● 중학교 저학년에 쓸 수 있는 지그소 법

지그소 법의 순서(거리에 있는 영어를 찾으라)

　요즈음 길에는 영어로 적힌 간판들이 넘친다. 동네에서 볼 수 있는 영어 간판을 카드로 만들어 교실 곳곳에 붙이고 모둠 안에서 분담해 어떤 간판이 있는지 조사하는 활동이다.

① 활동 목표 제시하기

거리에는 영어 간판이 많습니다.	There are a lot of English signboards in our town.
거리에는 영어로 쓰인 간판이 많습니다.	There are a lot of signboards written in English in our town.
오늘은 내가 간판에서 본 영어를 벽에 많이 붙였습니다.	Today I put a lot of English signboards on the wall.
오늘의 목표는 영어 간판을 통해 영어 단어 익히기입니다.	So today's goal is to learn English words from English signboards.

② 정보 수집 방법 지시하기

네 명이 한 조를 만드세요.	Get into groups of four.
각 구성원은 각각 다른 곳으로 가서 간판을 읽으세요.	Each member will go to different places and read a signboard.
철자를 외우세요.	I want you to memorize the spelling.

자리로 돌아가서 철자를 종이에 적으세요.	Go back to your seats and write the spelling down on your paper.
종이를 들고 가지는 마세요.	Don't bring your paper with you.

③ 공유 방법 지시하기

자리로 돌아가서 정보를 공유하세요.	Go back to your seats and share the information.
먼저 단어를 말하세요.	Say the word first.
철자를 모르면 "어떻게 쓰나요?" 하고 질문하세요.	If you don't understand the spelling, ask "How do you spell it?"
본인의 모둠에서 얼마나 많은 간판을 모았나요?	How many English signboards did you get in your groups?
간판을 알파벳 순으로 정리하세요.	<u>Put</u> / <u>Arrange</u> the signboards in alphabetical order.

짝이 계속 바뀌는 '자리 이동'

● 여러 친구와 짝을 이루게 하려면

한 교실에서 공부하는 학생들의 영어 실력은 제각기 다르다. 아래 그림과 같이 수업 시간 중에 자리 이동을 빈번하게 함으로써 다양한 수준의 학생들끼리 짝을 이루게 하자. 활동 마지막에는 반드시 "Thank you."라고 말하도록 한다. 활동에 참여하면서 여러 차례 고마움을 전하다 보면 영어 실력보다 우선 감사하는 마음이 자란다. 영어 실력도 물론 전체적으로 향상되리라 본다.

〈한쪽 열에 앉은 학생이 한 칸씩 옮기는 자리 이동의 예〉

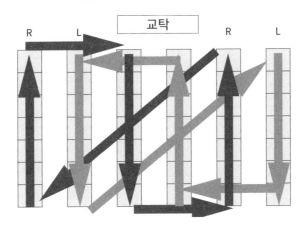

자리 이동 및 고마움을 표현하는 방법 지시

짝에게 "고마워."라고 말하세요.	Say "Thank you." to your partners.
오른쪽/왼쪽 학생은 자리를 한 칸/두 칸 이동하세요.	Students on the right / left will move one / two seat(s).

→ 오른쪽/왼쪽 학생이라는 표현이 들어가는 다양한 문장을 구사해보자.

Students who are sitting on the right / left (hand side)...
Students sitting on the right / left (hand side)...
Students on the right / left (hand side) ...

새로운 짝에게 인사하세요.	Say "Hello." to your new partners.
앞의 (짝과의) 대화를 복습하세요.	Please confirm the previous conversation.
앞의 대화에서 당신의 짝은 무슨 말을 했나요?	What did your partners say in the previous conversation?
새로운 대화를 시작하세요.	Let's start a new conversation.
오른쪽/왼쪽 학생부터 스피치를 시작하세요.	Students on the right / left will make a speech first.
스피치 후에는 들은 사람이 세 가지 장점을 말하세요.	After the speech, listeners will say 3 good points.
듣는 사람은 상대와 눈을 맞추면서 적극적인 반응을 보이세요.	Listeners will keep eye contact and make good reactions.
듣는 사람은 상대와 눈을 맞추면서 분명한 반응을 보이세요.	Listeners should maintain eye contact and make clear reactions.

학생들의 이해 정도를 가늠하는 'Minute Paper'

● 단시간에 가능한 수업 복습

'미닛 페이퍼(Minute Paper)'란 문자 그대로 수 분 만에 쓸 수 있는 작은 메모지를 말한다. 붙임쪽지 등을 이용해 수업 시간 중에 생긴 의문이나 감상 등을 단시간에 적게 한다. 붙임쪽지는 질문의 종류에 따라 분류한 후 커다란 종이에 옮겨 붙여 학급 전체의 학습 상황을 판단하는 데 유용한 도구이다.

수업 마지막에 한 학생당 한 장의 붙임쪽지를 나누어 준다. 종이에는 ① 수업 시간에 발견한 점, ② 수업을 통해 새로 알게 된 사실, ③ 수업 중에 가졌던 의문점, 모르고 넘어간 내용, ④ 수업의 감상 중 어느 한 가지를 적도록 한다.

붙임쪽지를 채우는 글자 수에는 한계가 있으므로 1분 정도에 간단히 쓰게 한 후에 종이를 걷는다. 취합한 붙임쪽지를 A3 크기의 종이에 옮겨 붙이고 나중에 카테고리별로 재배치해 오른쪽과 같이 정리한다.

붙임쪽지의 장점은 이처럼 분류하기 쉽다는 점이다. 같은 항목을 모아서 분류하면 학급 전체의 학습 상황을 파악하기에도 용이하다. 의문점, 몰랐던 점에 관해 공통된 요소가 많으면 다음 수업 시간에 학생들에게 과제로 던져본다. 학생들이 제기한 의문은 교사가 설명해 끝내지 말고 우선 학생들에게 질문을 던진 후 스스로 답을 찾도록 하자.

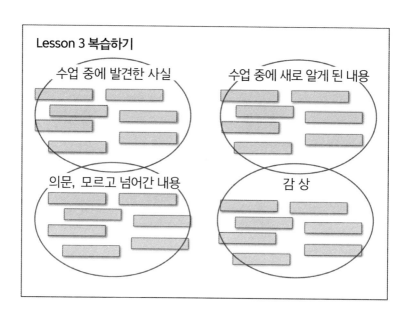

미닛 페이퍼(붙임쪽지)를 활용해 각각 영어 학습법을 적어서 모조지에 붙이도록 한 후 서로의 학습법을 공유하게 하는 활동도 진행하고 있다.

이제 여러분에게 붙임쪽지를 나누어 주겠습니다.	I'll give you a post-it for each.
한 장만 뜯고 나머지는 뒤로 보내세요.	Take one sheet and pass the post-it to the back.
붙임쪽지에는 다음과 같은 내용을 적으세요.	On the post-it, I want you to write the following things.
1. 오늘 수업에서 발견한 점	1. The Things that you discovered in today's lesson.
2. 오늘 수업에서 새로 안 사실	2. The things that you understood in today's lesson.
3. 오늘 수업에서 가졌던 의문점	3. The questions that you had in today's lesson.
4. 오늘 수업의 감상	4. The impressions of today's lesson.
이들 중에서 한두 가지를 적으세요.	I want you to write one or two things from these.
의견을 적고 싶은 학생은 적어도 좋아요.	Or if you want to write your opinion, you can write it.
질문이 너무 많아서 다 적지 못하면 나에게 직접 물어보세요.	If you have so many questions that you can't write them on the sheet, you can ask me directly.
붙임쪽지가 더 필요한가요?	Do you need more post-its?
붙임쪽지를 영어 담당자에게 주세요.	Give your post-it to the English class monitors.
오가 군, 붙임쪽지를 이 종이에 분류해서 붙여줄래요?	Mr. Ooga, could you categorize the post-its on this paper?

새로운 문장에 자연스레 접근하는 'Guess Work'

◉ 자연스러운 흐름으로 읽기 훈련하기

우리가 평소에 신문이나 잡지, 책을 읽을 때 가장 먼저 눈에 들어오는 것은 그림이나 사진이 아닐까. Guess Work 활동은 교과서 본문을 읽기 전에 관련된 그림이나 사진을 보고 어떤 내용일지 추측하는 활동이다.

본문과 관련된 사진이나 그림을 한 장의 워크시트에 모아서 학생들에게 나누어 주면, 학생들은 그것을 보고 이야기를 추측하면서 떠오른 키워드를 워크시트에 적는다. 그런 다음 본문을 읽어 내용을 이해하게 한 후 같은 워크시트를 이용해 내용을 직접 설명하도록 Oral Presentation을 접목하여 얼마만큼 이해했는지 점검한다.

교과서에 실린 그림이나 사진을 보고 설명할 수 있어야 읽기의 목표 중 하나를 달성한 셈이다. 이 단계에서 학생들이 제대로 표현하지 못한다 해도 '그림을 설명할 수 있도록 공부하자.'라는 동기를 유발할 수는 있다. 불가능한 것을 가능하게 하겠다는 의지를 심어주어 끊임없이 학습하는 경험을 안겨주자. 교사의 설명이나 보충은 최소한으로 줄이면서 말이다.

영문 내용을 그림으로 표현한 시트를 이용해 학생들끼리 대화하는 모습

Guess Work(그림이나 사진을 보면서 본문 내용을 추측하기)

레슨 7의 이야기를 읽기 전에 추측하기 활동을 합시다.	Before reading the story of Lesson 7, I want you to do some guess work.
워크시트에 있는 사진(그림)들을 보세요.	Look at all the pictures on your worksheet.
이것들은 레슨 7에 나오는 사진(그림)들 입니다.	These are the pictures from Lesson 7.
이 사진(그림)들을 보고 레슨 7에 어떤 이야기가 나올지 추측해 보세요.	I want you to guess the story of Lesson 7 from these pictures.
사진(그림) 속에 무엇이 보이나요?	What can you see in the pictures?
사진(그림)에는 누가 나오나요?	Who can you see in the pictures?

이것이 어떤 이야기라고 생각하나요?	What kind of story do you think this is?
어떤 이야기일지 1분 동안 머릿속에 그려보세요.	Now I'll give you 1 minute to guess what the story is about.
우선 혼자서 어떤 이야기일지 추측해보세요.	First I want you to guess what the story is about on your own.
사진에 키워드를 써넣어도 상관없어요.	You can write keywords in the pictures.
사전을 찾아보아도 좋습니다.	You can use your dictionaries.

Think-Pair-Share

다음에는 짝과 아이디어를 공유하세요.	Next I want you to share the ideas with your partners.
짝에게 "사진에 무엇이/누가 보입니까?" 하고 질문하세요.	Ask your partners "What / Who can you see in the pictures?"
이제 여러분이 추측한 내용을 알려주세요.	OK. I want to know your guess.
반 친구들과 생각을 공유하세요.	I want you to share your ideas with the class.
재미있는 생각/의견이 있나요?	Are there any interesting ideas / opinions?

긴장을 풀고 즐겁게 읽는 'Fireplace Reading'

◉ 우선 자기 힘으로 읽어본다

파이어플레이스 리딩(Fireplace Reading)은 벽난로(Fireplace) 앞에서 느 긋하게 독서하는 이미지를 그리면 된다. 우선 읽은 다음, 알게 된 사실, 모르는 내용, 흥미로웠던 점 등을 교환하면서 의견을 나눈다.

파이어플레이스 리딩 Fireplace Reading

그럼 교과서 39쪽을 펴세요.	Now I want you to open your textbooks to page 39.
파이어플레이스 리딩을 하겠습니다.	Let's do "Fireplace Reading".
여러분은 지금 거실에서 느긋하게 쉬고 있습니다.	Imagine you are in the living room and relaxing.
레슨 7의 전체 이야기를 5분 안에 읽으세요.	I'll give 5 minutes to read the whole story in Lesson 7.
읽은 후에 재미난 부분이나 어려운 부분을 공유할 것입니다.	After reading, I want you to share the interesting points and difficult points.

사전을 찾아보지는 마세요.	You don't have to use your dictionaries.
그냥 이야기 읽기를 즐기세요.	Just enjoy reading the story.
재미난 부분이나 어려운 부분에 붙임쪽지를 붙이세요.	Put your post-its on the interesting or difficult parts.
내용을 전부 이해할 필요는 없습니다.	You don't have to understand everything.
육하원칙(What/Who/When/Where/Whose/How)을 의식하면서 읽으세요.	I want you to keep 5W1H on your mind.
자, 읽기를 멈추고 두 명씩 짝을 만드세요.	OK. Stop reading and form pairs.
짝과 읽은 내용에 관해 이야기를 나누세요.	I want you to talk about what you read with your partners.
유용한 표현늘은 써먹어도 좋습니다.	You can use these useful expressions.

〈알아두면 유용한 표현〉

이 부분이 재미있어. 넌 어때?	I think this part is interesting. What do you think?
이 부분을 이해하지 못하겠어. 너는?	I don't understand this part. Do you understand?
S가 V하는 것을 알고 있었어?	Did you know that S+V…?
○○이 무슨 뜻이지?	What does "○○" mean?
나는 이 이야기를 읽은 적이 있어. 너는 어떠니?	I have read this story before. How about you?

힘을 합쳐 내용을 완성하는 '지그소 법'

◉ 모둠 내에서 협력해 스토리 읽기

'지그소 법'은 78쪽에서도 소개한 바와 같이 모둠 구성원이 각자 분담한 다른 정보를 가지고 자리로 와서 내용을 연결해 전체를 이해하는 활동이다. 지그소 퍼즐의 여러 조각을 각 구성원이 가지고 모여 전체를 완성하는 이미지와 같다.

여기에서는 네 명이 한 조를 이루어 교과서 본문을 네 등분하고 각자 맡은 부분을 읽은 후에 정보를 맞추어 전체 내용을 이해해간다.

지그소 법으로 이야기 읽기의 진행 순서

① 기본적인 활동 설명하기

네 명이 한 모둠을 만들어 책상을 붙이세요.	Let's make groups of four and put your desks together.
이야기를 네 등분했습니다.	I divided the story into 4 parts.
각각의 부분을 네 구석 벽에 붙였습니다.	I put each part on the wall in the 4 corners.
각자 한 부분씩 읽으세요.	I want each of you to read one part.

읽을 때는 워크시트를 들고 가서는 안 됩니다.	When you read, don't bring the worksheet with you.
읽을 때는 워크시트를 책상 위에 두고 가세요.	When you read, leave your worksheets on your desks.
제한 시간은 5분입니다.	I'll give you 5 minutes.
5분 후에 읽은 내용을 모둠 안에서 공유하세요.	In 5 minutes, I want you to share in groups what you read.

② 네 등분한 이야기를 읽고 요약해 전하기 (초급)

이야기의 요약을 벽에 붙였습니다.	I have put the summary of the story on the wall.
요약한 내용을 읽고 워크시트를 채우세요.	I want you to read the summary and fill out your worksheet.

③ 네 등분한 교과서 본문을 읽고 요약해 전하기 (중급~상급)

이야기를 네 등분했습니다.	I have divided the story into 4 parts.
각자 한 부분씩 읽고 키워드를 찾아오세요.	I want each of you to read one part to get keywords.
각자 맡은 부분을 요약하세요.	I want each of you to summarize the part.
글의 처음과 끝 부분을 신경 써서 읽으세요.	Be careful for the first part and the last part of the passage.
그 부분이 글의 핵심일 가능성이 큽니다.	They can be the important points of the passage.

9

교과서 본문 학습 ❹
영어 어순으로 이해하는
'Sight Translation Sheet'

◉ **Sight Translation Sheet(ST 시트)란**

말모둠(chunk, 의미 덩어리)마다 빗금(/)을 넣고 행을 바꾼 영문을 왼쪽에, 그 뜻을 오른쪽에 나란히 적어놓은 워크시트를 말한다.

◆ **본문 예**

In Africa, scientists have discovered human fossils that are believed to be more than 2,000,000 years old. Among some of these fossils, simple tools have been found. Thus scientists know that those prehistoric people could make tools.

⬇ **말모둠마다 빗금으로 나누기**

In Africa, /scientists have discovered/human fossils/that are believed to be/more than 2,000,000 years old. //Among some of these fossils, /simple tools have been found. //Thus/scientists know/that those prehistoric people/could make tools. //

〈말모둠 힌트〉
① 쉼표로 구분하기
② 접속사로 구분하기
③ 전치사로 구분하기
④ 알기 어려운 주어로 구분하기 등

↓ 사이트 트랜스레이션 시트

In Africa, /	아프리카에서
scientists have discovered /	과학자들이 발견했다
human fossils /	인간의 화석을
that are believed to be /	~라는 믿음이 존재했다
more than 2,000,000 years old. //	200만 년도 훨씬 전에.
Among some of these fossils, /	이 화석 중에는
simple tools have been found. //	단순한 도구도 있었다.
Thus /	그래서
scientists know /	과학자는 ~라는 것을 안다
that those prehistoric people /	선사 시대 사람들은
could make tools. //	도구를 만들 수 있었다고.

↓ 3D 사이트 트랜스레이션 시트

>   In Africa, /
> Scientists have discovered /
>   human fossils /
>   ↑ that are believed to be /
>   more than 2,000,000 years old. //

이처럼 입체적으로 문장 구조를 파악할 수 있도록 배열에 변화를 주거나 화살표를 넣기도 한다.

〈어구 배치도〉

① 기본 문장 구조인 S+V~ 를 제일 왼쪽에 둔다.

② 전치사구(언제, 어디에서), 부사구(빈도, 양상 등)

③ 목적어, 보어

④ 관계 대명사 앞에서 ↑로 선행사의 위치를 알려준다.

10

교과서 본문 학습 ❺
ST 시트 활용(1)

이미지 파악을 위한 'Picture Drawing'

◉ Picture Drawing이란

문자 그대로 교과서 본문에 실린 정보를 좀 더 명확하게 이해하기 위해 그림이나 도표로 나타내는 활동이다. 영어를 해석하지 않고 들리는 대로 이해하기 위해서는 의미를 머릿속에서 영상으로 그릴 줄 알아야 한다. ST(Sight Translation) 시트를 사용해 어구의 의미를 확인하면서 본문 내용을 그림으로 표현한다.

Picture Drawing의 활동 지시

ST 시트를 꺼내세요.	Could you take out your sight translation sheets?
첫 단락을 읽고 스토리에 맞게 그림을 그리세요.	Read paragraph 1 and draw pictures of the story.
왼쪽에 있는 영어를 읽어보세요.	Try to read English on the left side.
영어를 모를 경우에는 오른쪽의 해석을 빠르게 참고해도 괜찮습니다.	In case you don't understand the English, you can check the Japanese translation quickly.
공책을 꺼내 아무것도 적지 않은 페이지를 펼치세요.	Open a new page of your notebooks.

그림을 크고 선명하게 그리세요.	Draw large and clear pictures.
나중에 짝을 지어 스토리를 설명할 때 그림을 사용할 거예요.	Later, you will use your pictures to explain the story in pairs.
그림 그리는 시간은 3분입니다.	I'll give you 3 minutes to finish drawing your pictures.

짝을 이루어 그림 설명하기

이 단계에서는 내용을 충분히 이해하지 못했으며 발음도 부정확할 것이다. 가능한 범위에서 그림을 설명하면 된다.

두 사람이 한 조를 만들어 마주 보세요.	Please make pairs and face your partners.
가위바위보를 해서 이긴 사람부터 설명을 시작합니다.	Play rock-scissors-paper and winners start the presentation.
설명은 2분 안에 끝내세요.	You should finish your presentation in 2 minutes.
말한 다음, 상대의 설명과 그림에 관해 세 가지 장점을 말하세요.	After talking, make three good points about your partners' presentation and pictures.
눈을 잘 맞추었다거나 발음이 정확했다거나 그림이 내용을 잘 표현했다는 내용이면 됩니다.	For example, good eye contact, accurate pronunciation or nice-looking pictures.

도입 단계에서 '달성하지 못했음'을 깨닫는 과정은 매우 중요하다. 학생이 모든 내용을 완벽하게 이해해야 하고 실패해서는 안 된다는 마음으로 교사가 처음부터 세세하게 가르치면 학생은 교사에게 의존해버리고 실수를 두려워하게 된다. 이 활동을 통해서는 '그림을 사용해 교과서 내용을 영어로 잘 설명하겠다.'라는 동기를 유발할 수 있도록 지원하자.

ST 시트를 이용한 발음 학습

◉ 새로운 단어 읽기에 도전하게 한다

학생들이 대충 본문의 의미를 파악한 다음에는 읽기에 도전하게 하자. 새로운 내용을 접할 경우에는 우선 학생들이 혼자 읽어보도록 시간을 주자. 물론 처음 보는 단어는 어떻게 발음해야 할지 몰라 헤맬지도 모른다. 그러나 틀리는 게 당연하다는 마음가짐(Enjoy making mistakes.)이 중요하다. 실패 후에 원어민의 음성을 들은 학생은 자기 발음과 어떻게 다른지 스스로 차이점을 찾아낼 것이다.

Small Teachers (짝이 선생님 역할을 한다)

사이트 트렌스레이션 시트를 꺼내세요.	Please take out your sight translation sheet.
가위바위보를 해서 이긴 사람이 스몰 티처가 될 거예요.	Play rock-scissors-paper and winners will be "small teachers".
스몰 티처는 한 줄씩 먼저 읽으세요.	"Small teachers" will do model reading line by line.
진 사람은 스몰 티처가 한 말을 따라 하세요.	Losers, repeat after your "small teachers".
따라 할 때는 워크시트를 보지 마세요.	When you repeat, don't look at your worksheet.

짝의 모델 발음을 집중해서 들으세요.	Listen to your partners' model carefully.
문장이 너무 길면 짧은 구절로 나누어도 좋아요.	If the sentence is too long to repeat, you can make it into short phrases.
스몰 티처는 크고 분명하게 발음하도록 하세요.	"Small teachers" should read in a loud and clear voice.
어떻게 발음하는지 모르면 추측해보세요.	If you don't know the correct pronunciation, guess the pronunciation.
실수를 즐기세요!	Enjoy making mistakes!

발음도 교사가 처음부터 모두 자세하게 가르치면 학생은 발음하기 두려워진다. 하지만 위의 활동에서는 틀린 발음을 짝끼리 듣게 된다. 조금 창피할 수도 있으나 '틀리는 게 당연해.', '실수를 즐기자.'라는 마음으로 극복하게 하자.

발음 수정하기

이제 CD를 틀어줄 거예요. 어떻게 발음하는지 들어보세요.	Now I'll play the CD. Listen to the correct pronunciation.
스테퍼니 선생님이 한 단어씩 발음해주실 거예요.	Stephanie will read word by word.
주의 깊게 듣고 따라 하세요.	Listen carefully and repeat.
'famine'은 어떻게 발음하나요?	How do you pronounce "famine"?
'f' 음을 조심하세요.	Be careful about the sound of "f".

빠른 대응 능력을 기르는 'Quick Response'

◉ **Quick Response란**

Sight Translation Sheet(ST 시트, 다음 페이지 사진 ①)를 사용해서 행별로 영어를 일본어로 고치거나 일본어를 영어로 바꾸는 활동이다. 문자 그대로 재빨리 대답하는 게 포인트다.

Quick Response의 활동 진행 방법

사이트 트렌스레이션 시트를 꺼내세요.	OK. Take out your sight translation sheet, please.
가위바위보를 해서 이긴 사람이 영어를 한 행씩 읽으세요.	Play rock-scissors-paper and winners will read English line by line.
진 사람은 간단한 일본어로 해석하세요.	Losers will translate it into simple Japanese.
이긴 사람은 짝에게 힌트를 주어도 좋습니다.	Winners can give your partners some hints.
진 사람은 재빨리 답해야 해요.	Losers should respond quickly.
진 사람은 워크시트를 볼 수 없습니다.	Losers, don't look at your worksheet.

가위바위보를 해서 이긴 사람이 영어를 한 행씩 읽으세요.	Play rock-scissors-paper and winners will read English line by line.
다음에는 일본어에서 영어로 바꾸어보세요.	Next, we'll try Japanese-English translation.
종이를 이렇게 접으세요.	Please fold your paper like this.
일본어가 적힌 부분으로 영어가 적힌 부분의 반이 가리도록 종이를 접으세요.	Fold your paper to hide half the English part with the Japanese part.
마지막으로 백 트렌스레이션※에 도전하겠어요.	Finally, I want you to try "Back Translation".
이긴 사람은 영어로 한 행씩 읽으세요. 진 사람은 그것을 일본어로 바꾸는 거예요.	Winners will read one line in English and losers translate it into Japanese.
이긴 사람은 짝이 말한 일본어를 다시 영어로 바꾸세요.	Winners will translate your partners' Japanese into English again.

※ 백 트렌스레이션(역번역)은 번역 수준을 높이기 위한 기술이다.

교과서 본문 학습 ❽
ST 시트 활용 ⑷

암기로 이어지는 'Read and Look up'

◉ Read and Look up이란

ST 시트에서 왼쪽(영어) 부분을 사용한다. 교사나 짝이 "Read!"라고 신호를 보내면 한 행을 골라 머릿속에 넣고 "Look up!"이라고 하면 얼굴을 들어 상대와 시선을 맞춘다. 그다음 "Say!"라는 구령에 맞추어 외운 행을 말한다. 이런 흐름으로 진행하는 활동을 'Read and Look up'이라고 한다.

Read and Look up 진행 방법

① 교사가 주도하여 학생이 활동에 익숙해지게 하기

Read and Look up을 하겠어요.	Let's do "Read and Look up".
사이트 트렌스레이션 시트의 첫 문장을 읽으세요.	Read the first sentence of the sight translation sheet.
얼굴을 들고 나와 눈을 맞추세요.	Look up and have eye contact with me.
읽은 행을 말하세요.	Say it.
나를 따라 발음하세요.	Repeat after me.

다음 행을 읽으세요.	Read the next line.
얼굴을 드세요!	Look up!
말하세요!	Say it!

② 학생들끼리 활동하도록 하기

학생들이 적응한 다음에는 본인들에게 맡기자. 자립한 학습 태도를 길러 '가르치지 않는 수업'에 접근하는 길이다.

짝끼리 Read and Look up 활동을 하겠어요.	Let's do "Read and Look up" in pairs.
짝을 지어서 마주 보고 앉으세요.	Make pairs and face your partners.
가위바위보를 해서 이긴 사람이 스몰 티처가 됩니다.	Play rock-scissors-paper and winners will be "small teachers".
스몰 티처는 Read and Look up을 시작하세요.	Small teachers, start "Read and Look up", please.
짝과 계속 눈을 맞추고 있나요?	Are you keeping eye contact with your partners?

듣기와 쓰기를 동시에 훈련하는 'Dictation'

◉ Dictation이란

들은 영어를 그대로 받아쓰는 활동을 'Dictation'이라 한다. ST 시트 왼쪽에 있는 영어를 행별 혹은 문장별로 읽거나 받아쓰는 활동이다.

Dictation의 진행 방법

① 교사가 주도하여 학생이 활동에 익숙해지게 하기

Dictation(받아쓰기)을 하겠어요.	Let's do dictation.
공책을 펴세요.	Open your notebooks.
한 행/문장을 읽을 테니까 공책에 받아쓰세요.	I'll read a <u>line</u> / <u>sentence</u> and write it down on your notebooks.
한 번 더 읽을까요?	Do you want me to say it again?
다음 행/문장으로 넘어갈까요?	Can I read the next <u>line</u> / <u>sentence</u>?
철자를 모르면 추측해서 쓰세요.	If you don't know the spelling, guess the spelling.

② 학생들끼리 활동하게 하기

Dictation을 짝끼리 해보세요.	Let's do dictation in pairs.
가위바위보를 해서 이긴 사람이 스몰 티처가 됩니다.	Play Rock-Scissors-Paper and winners will be "small teachers".
스몰 티처는 첫 행/문장을 읽어 주세요.	Small teachers will read the first line / sentence, please.
진 사람은 공책에 받아쓰세요.	Losers will write it down on your notebooks.
끝나면 교과서를 펼쳐 철자를 확인해도 좋습니다.	If you finish, you can open your textbook to check the spelling.

③ 자습으로 이어주기

〈CD나 음성 파일 사용하기〉

집에서 Dictation을 할 때는 CD나 오디오 파일을 사용하세요.	When you do dictation at home, use the CD or audio file.
재생하다가 적고 있는 동안에는 일시 정지시키세요.	Play it and pause it while you are writing it.

〈Read and Write (Read and Look up의 '쓰기' 버전)〉

사이트 트렌스레이션 시트에서 첫 행을 읽으세요.	Read the first sentence of the sight translation sheet.
공책에 쓰세요.	Write it on your notebooks.

〈음독 필사(音讀筆寫)〉

읽을 수 있는 문장을 쓸 수 있으려면, 소리 내어 읽으면서 문장을 쓰는 방법(음독 필사)이 효과적이다.

교과서 본문 학습 ⑩

이해력을 높이는
'Question Answering'

● 짝 활동으로 반복 연습하는 Q&A

학교에서는 흔히 질문과 대답 형식을 이용해 교과서 내용을 복습한다. 그러나 이런 방식은 대부분 교사와 학생 간에 이루어지며 심지어 한 번으로 끝나고 만다. 그러면 학생들의 이해도는 깊어지지 않는다. 다음과 같이 Question Answering Sheet을 만들고 모범 답안을 사용하면서 짝끼리 반복하다 보면 내용 이해에 도움을 줄 수 있다.

Question Answering

Pairwork Time (　:　/　:　/　:　)

1. Who went to the library?

2. Why did he / she go to the library?

3. Where did he / she go after the library?

.

.

·························· fold here ··························

Model Answers

1. William did.　　2. He wanted to know how to generate electricity.　　3. He went to the junk yard. …

활동 확인과 지시

〈스스로 생각하기〉

내용을 이해했는지 확인하기 위해 Question Answering을 합시다.	Let's try Question Answering to check your understanding.
모범 답안이 보이지 않도록 워크시트를 접으세요.	Fold your worksheet so you can not see the model answers.
공책을 꺼내서 답을 적으세요.	Take out your notebook and write your answers on your notebooks.
모든 문제에 답을 적을 때까지 10분 주겠어요.	I'll give you 10 minutes to answer all the questions.
끝나면 워크시트를 펴고 답을 확인하세요.	If you finish, you can open the sheet and check your answers.

〈짝을 지어 이해하기〉

짝을 지어서 Question Answering을 연습해봅시다.	Let's practice Question Answering in pairs.
내용을 이해했는지 확인하기 위해 Question Answering을 합시다.	Let's try Question Answering to check your understanding.
가위바위보를 해서 이긴 사람은 홀수 번호의 질문을 하세요.	Play rock-scissors-paper and winners, ask odd numbered questions.
진 사람은 짝수 번호의 질문을 하세요.	Losers will ask even numbered questions.
모든 문제를 다 풀었다면 스크린의 타이머를 보세요.	If you finish all the questions, look at the timer on the screen.
소요 시간을 워크시트에 쓰세요.	Write your time on your worksheets.

교과서 본문 학습 ⑪

액티브 러닝 수업의 백미!
'Question Making'

◉ **Question Making이란**

문자 그대로 교과서 본문에 관한 질문을 학생들이 스스로 만들어보는 활동이다. 학년이 높아질수록 수업 시간이나 시험을 통해 질문을 받는 경험도 늘어난다. 이 경험들을 살려서 자율적으로 질문을 만들 수 있을 만큼 성장한다는 의미이다. 질문은 다음과 같이 분류된다.

① 단어나 문장 등의 의미를 묻는 질문

예 What does "conscious" mean?

('conscious'는 무슨 뜻입니까?)

예 What does "them" refer to?

('them'이 가리키는 것은 무엇인가요?)

② 문법이나 어휘를 묻는 질문

예 Choose the best word or phrase from among the four choices.

(네 개의 보기 중에서 가장 적당한 단어 혹은 어구를 고르세요.)

I have (　　) to New York twice.

1. am　2. be　3. went　4. been

예 What is the synonym / antonym of "agree"?

('agree'의 유의어 / 반의어는 무엇입니까?)

③ 교과서 내용을 묻는 질문

Yes / No question

🔲 Is Mike from Australia? / Did William go to the park?

Wh-Question

🔲 What did Mike do yesterday? / Where did Aya go?

④ 교과서 내용에서 발전한 오픈 퀘스천(Open Question)

🔲 What did you learn from Steve Jobs's speech?

활동 지시

네 명씩 조를 만들어 책상을 붙이세요.	Make groups of four and put your desks together.
레슨 7의 오리지널 질문을 만들어 봅시다.	Make original questions about Lesson 7.
한 장의 붙임쪽지에 질문 하나씩 적으세요.	Write one question on one post-it.
큰 종이에 붙임쪽지를 붙이세요.	Put the post-its on the paper.
다음 항목에 맞추어 질문을 분류하세요.	Categorize your questions depending on the following categories.
1. 단어나 어구, 문장의 의미를 묻는 질문	1. Questions about meaning of words, phrases and sentences.
2. 어휘나 문법을 묻는 질문	2. Questions about vocabulary and grammar.
3. 내용을 묻는 Yes / No 퀘스천이나 Wh-퀘스천	3. Yes/No questions and Wh-questions about the story.
4. 내용에서 발전한 오픈 퀘스천	4. Open questions from the story.

프레젠테이션 실력을 높이는
'Oral Presentation'

● Oral Presentation이란

'Oral Presentation'이란 교과서에서 배운 내용을 요약한 후 감상이나 의견을 덧붙여서 발표하는 활동이다. 각 단원 마지막에 이 활동을 적용하면 학생에게는 도달하기 쉬운 목표가 된다.

발표를 시킬 때 교과서 내용을 묘사한 그림이나 사진 포스터, 프로젝터로 비춘 내용을 사용한다. 중학교 1학년의 경우 한 명을 지목해서 대사를 말하게 하는 것만으로도 충분하다. 감상 덧붙이기나 듣는 사람에게 질문하기를 차츰 늘려간다. 중학교 2학년의 경우 디스커션(토의) 기술 훈련을 위해 "In Lesson 3, Mike said, '...', but I think ..." 등 논의에서 쓸 수 있는 표현을 집어넣는다. 중학교 3학년부터 고등학생의 경우 자기 의견 피력하기에 더욱 무게를 싣고 교과서 내용은 인용 정도로 충분하다.

개인 연습

Oral Presentation을 연습합시다.	Let's practice Oral Presentations.
Oral Presentation 시트를 꺼내세요.	Please take out your Oral Presentation sheets.
워크시트에 있는 그림을 사용해 레슨 2의 내용을 말해보세요.	Tell the story of Lesson 2 using pictures on the worksheets.

짝끼리 연습하기

짝을 만들어 Oral Presentation 을 연습합시다.	Please make pairs and practice Oral Presentations.
가위바위보를 해서 이긴 사람이 발표를 시작합니다.	Play rock-scissors-paper and winners will start the presentation.
이긴 사람은 그림을 가리키면서 내용을 말하세요.	Winners, point to the pictures and tell the story.
내용을 말한 후에 각자의 코멘트나 의견을 덧붙이세요.	Add your comments or opinions after telling the story.
상대에게 질문해도 상관없습니다.	You can ask questions to your partners.
진 사람은 상대의 발표에 긍정적인 반응을 보입시다.	Losers, give positive feedback about your partners' presentations.
진 사람은 발표한 내용에 대해 좋았던 점을 세 가지 이상 말해주세요.	Losers, tell more than 3 good points about the presentations.
역할을 바꾸겠습니다. 진 사람이 발표하세요.	OK. Switch parts. Losers will make presentations.
만약 이야기가 떠오르지 않는다면 그림 속에 키워드를 써놓아도 좋습니다.	If it's difficult to remember the story, you can write some keywords on the pictures.
듣는 사람이 이해하고 있는지 확인하기 위해 상대와 눈을 맞추세요.	You should keep eye contact to check for your listener's understanding.
7월 4일에 Oral Presentation 시험을 치르겠어요.	We'll have an Oral Presentation test on July 4th.

교과서 본문 학습 ⑬

서로 도우며 이해력을 높이는 '포스터 투어'

◉ 포스터 투어란

본문에서 말하는 포스터란 교과서에서 배운 내용을 정리해 적거나 그린 모조지 등의 큰 종이를 말한다. 네 명이 하나의 모둠을 만들고 교과서 내용을 네 등분해서 구성원 한 명씩 담당할 곳을 정한다. 배운 내용을 그림이나 표로 나타내어 포스터를 완성한다. 완성한 포스터를 교실 네 벽에 붙이고 모둠별로 하나씩 보면서 한 바퀴 돈다. 본인이 담당한 포스터 앞에 도착하면 내용을 영어로 설명한다.

이처럼 다른 정보가 적힌 포스터를 투어하듯 모둠별로 보면서 한 바퀴 도는 활동을 '포스터 투어(Poster Tour)'라고 한다.

포스터 투어 방법

포스터 투어를 하겠습니다.	Let's try having a Poster Tour.
네 명씩 모둠을 만들어 책상을 붙이세요.	Make groups of four and put your desks together.
이야기를 네 등분하세요.	Divide the story into 4 parts.
한 사람이 한 부분씩 담당합니다.	Each student will be in charge of one part.
종이에 각자 맡은 부분의 그림을 그리고 키워드를 적으세요.	Draw pictures and write Keywords about your part on the paper.

나중에 그 포스터를 벽에 붙일 거예요.	Later I'll put your posters on the wall.
여러분 각각이 자신이 그린 그림을 사용해 자신의 부분을 설명할 거예요.	I want each of you to use your own pictures to explain your parts.
포스터를 완성하는 데 15분 주겠습니다.	I'll give you 15 minutes to finish your posters.
첫째 부분을 담당한 학생은 포스터를 앞 칠판에 붙이세요.	The students who made posters about the 1st part, put your posters on the front blackboard.
둘째 부분을 담당한 학생은 포스터를 오른쪽 벽에 붙이세요.	The students who made posters about the 2nd part, put your posters on the wall on the right side.
셋째 부분을 담당한 학생은 포스터를 뒤에 있는 칠판에 붙이세요.	The students who made posters about the 3rd part, put your posters on the back blackboard.
넷째 부분을 담당한 학생은 포스터를 왼쪽 벽에 붙이세요.	The students who made posters about the 4th part, put your posters on the wall on the left side.
포스터 투어를 시작하겠습니다.	Let's start the Poster Tour.
모둠별로 같이 움직이세요.	The group should move together.
각자 자기 담당 포스터의 내용을 설명하세요.	Each student will explain your poster.
빠른 이해를 위해 다른 친구들이 그린 포스터 중 마음에 드는 것을 사용해도 좋습니다.	To better understand, you can use other good posters.

19

교과서 본문 학습 ⑭
글쓰기 실력을 늘려주는
'Story Writing of the Picture'

◉ 교과서 그림을 영어로 설명하기

Oral Presentation의 쓰기 버전이다. 교과서에 실린 그림이나 사진을 보면서 배운 내용을 영어로 쓰는 활동이다. 읽기나 말하기를 소화한 부분은 마지막에 필사(베껴 쓰기)로 마무리 지으면 효과적이다.

활동 순서

스토리 라이팅을 시작하겠습니다.	Let's start Story Writing.
Oral Presentation 시트를 꺼내세요.	Take out your Oral Presentation sheet.
공책에 그림의 내용을 영어로 쓰세요.	Write the English story of the pictures on your notebooks.
내용을 다 적었으면 감상이나 의견도 쓰세요.	After writing the story, write your comments and opinions.
철자를 잊은 사람은 사전을 찾아보아도 좋습니다.	If you forget the spelling, you can use your dictionaries.

이 활동에는 5분 주겠습니다.	I'll give you 5 minutes for this activity.
이제 짝끼리 공책을 교환하세요.	Now exchange your notebooks with your partners.
교과서를 펼쳐서 짝이 작성한 영어를 검토하세요.	Open your textbooks and check your partners' English.

그림을 설명하는 문제

　그림 설명하기 문제는 입시나 능력검정시험에서도 출제된다. 처음 보는 그림을 영어로 발표하거나 적는 활동은 학생들의 영어 실력뿐 아니라 상상력도 키울 수 있다.

교과서 본문 학습 ⑮

영어로 논의하자! '디베이트'와 '디스커션'

● 디베이트(토론)는 어렵지 않다

릿쿄(立敎) 대학교의 마쓰모토 시게루(松本 茂, 국제경영학과) 교수는 저 서나 강연회를 통해 회화, 디스커션(토의), 디베이트(토론) 중에서 디베 이트가 가장 접근하기 쉬운 방식이라고 말한다. 디베이트는 찬성과 반대 의 관점이 뚜렷하게 나뉘고 자신과 상대의 입장도 분명하게 정해져 있 어서 말해야 할 내용이 빠르기 때문이다. 교과서 소재에 맞추어 찬성과 반대 의견을 끌어내기 쉬운 논제를 만들자. "Do you agree with Tom's opinion?(톰의 의견에 찬성합니까?)"라는 식의 질문이 통상적으로 많이 쓰 인다.

료고쿠 고등학교의 누노무라 나오코(布村 奈緒子, 영어) 선생님은 네 명 이 한 모둠을 이루게 하고 다음과 같은 역할을 부여하여 디스커션 및 디 베이트를 하도록 하는 능력이 탁월하다. 역할을 바꾸어가면서 찬성과 반 대 모두의 입장에 서보게 하면 다양한 사고력을 키울 수 있다.

Chairperson 사회	Note Taker 기록
Affirmative 찬성	Negative 반대

◉ 토론이나 토의에 사용할 수 있는 표현 도입하기

교과서를 학습할 때도 토론이나 토의에 써먹을 수 있는 표현을 적극 활용하자. 입문 수준의 중학교 1학년이라도 "Do you agree with Tom's opinion?"과 같이 의견을 물어보는 질문을 도입하자. 처음에는 이유까지 말하지 못할지라도 "Yes, I do. I agree with his opinion." / "No, I don't. I disagree with his opinion."과 같은 찬성 및 반대 의견만 내놓을 수 있어도 된다. 찬성과 반대를 대중 앞에서 발표하는 훈련은 자기 의견을 생각하면서 듣거나 읽는 데 자신감을 키워준다.

◉ 말하고자 하는 욕구를 끌어내는 주제 정하기

교과서 안에 들어 있는 소재가 모두 의견을 말하기 좋은 것은 아니므로 적절한 이야깃거리를 찾아내어 따로 정리해두면 편리하다. 토플 등에는 재미있는 쓰기나 말하기 과제가 많이 실렸으니 참고하기 바란다. 논제를 이해하고 찬반을 분명하게 말하는 연습부터 시작하자.

◙ 토플의 작문 과제에서 발췌

Do you agree or disagree with the following statement?

- All students should be required to study art and music in secondary school.
- Only people who earn a lot of money are successful. Use specific reasons and examples to support your answer.
- Playing a game is fun only when you win.
- It is better for children to grow up in the countryside than in a big city.

활동 지시

이번 단원에서 톰은. 일본 고등학생은 해외로 수학여행을 가야 한다고 생각하고 있습니다.	In this lesson, Tom thinks that all high school students in Japan should go abroad on their school trip.
톰의 의견에 대해 논의해볼까요?	Let's discuss this opinion.
찬성하는 학생은 톰의 의견을 지지하세요.	The affirmative students should support Tom's opinion.
반대하는 학생은 톰의 의견을 반대하세요.	The negative students should oppose Tom's opinion.
사회자는 양쪽 의견을 공정하게 들어주세요.	The chairpersons should listen to both opinions equally.
기록자는 나중에 논의를 보고할 수 있도록 메모해주세요.	The note takers should take notes to report the discussion later.
논의 시간은 5분입니다.	I will give you 5 minutes to discuss it.
그럼 역할을 바꾸어보죠.	OK. Let's change roles.
그럼 1조의 기록자는 논의한 결과를 보고해주세요.	Now, group 1's note taker, could you report your group's discussion?
개인적으로는 톰의 의견을 어떻게 생각하나요?	What do you personally think of Tom's opinion?

문법과 작문 훈련을 위한
액티브 러닝 활동 및 기본 문장

제5장에서는 문법을 학습하는 방법에 관해 설명한다. 액티브 러닝 활동을 영어로 무난하게 도입하고 정착시킬 수 있도록 사용 빈도가 높은 문장들을 모았다. 후반부에는 컴퓨터 사용법이나 작문 지도에 관해서도 언급한다.

액티브 러닝 방식으로
문법과 작문을 지도하는 방법

● 영어로 진행하는 수업에 문법 학습 도입하기

새로운 문법을 도입하는 첫 단계는 교사와 학생, 혹은 학생들끼리의 대화 속에서 어렴풋이나마 상황이나 의미를 이해하는 과정이다. 영어로만 소통하는 수업이므로 처음에는 완전히 이해하지 못하는 데 대한 조급함이 앞서기도 한다. 이때 교사의 직업상 문법 설명을 하고 싶어 입이 근질거릴지도 모른다. 그러나 이러한 욕구를 견뎌내어 학생들이 다양한 방법으로 문법을 이해하고 스스로 깨달을 수 있도록 과정에 집중하자.

이때 중요한 것은 그림이나 사진, 교사의 몸동작 등을 통해 새로운 문법이 사용되고 있는 장면을 상상하기 쉽도록 활동 방법을 정해야 한다는 것이다. 레스토랑이나 역의 혼잡함을 효과음으로 사용하면 상상력을 키워줄 수 있다. 여기에서 문맥은 문법의 의미를 추리하기 쉽도록 도와주는 중요한 역할을 한다. 두 사람이 짝을 지어 회화를 주고받으면서 서로 이해한 부분을 공유함으로써 대략적인 의미를 파악하도록 한다.

● 문법 이해를 도우면서 정착시키기 위해서는

대강 이해한 문법을 정리하고 의미나 사용 장면을 이해하기 위해서는 드릴과 예문집을 만드는 등의 성실한 활동이 필요하다. 이들 활동은 가정 학습에도 도움을 주기 때문에 수업 시간에 학생들끼리 연습하면서 자율적으로 적응하게 해야 한다.

◉ 문법을 지식으로써 소화하기 위해서는

마지막에는 문법 사용법이나 의미 등을 정리해주자. 과거 일제히 진행하는 수업에서는 교사가 요점만 짚어주고 학생이 공책에 받아 적는 방식이 대부분이었을 것이다. 하지만 문법 정리도 학생에게 맡기자. 교과서에 실린 문법 코너나 문법 참고서를 사용해서 한 장의 종이에 요약하도록 하고 완성도가 높은 작품을 학생들에게 복사해서 나누어 준다. 학생이 만든 워크시트를 학생들이 활용하는 것이다. 교사가 해설을 도와주었다 할지라도 학생들은 본인들이 만든 워크시트를 사용함으로써 자기들이 만든 방식으로 교사가 수업을 진행한다는 뿌듯함을 느끼게 된다.

◉ 문법적 실수를 줄이기 위한 작문 지도

작문을 첨삭할 때 제일 어려운 부분은 문법이나 철자 수정일 것이다. 아무리 고쳐주어도 학생들은 거듭 실수한다. 하지만 작문 지도에서 제일 중요한 것은 Accuracy(문법이나 철자 등의 정확성)보다 Fluency(표현하고 싶은 내용을 얼마나 유연하게 풀어내는가)이다. 그러므로 실수를 수정하기보다 학생들이 적은 내용에 감상을 보태주자. 영어로 적은 내용이 교사에게도 전달되었다는 뿌듯함을 느끼게 하는 것이 먼저이다.

문법 등의 실수는 학생들끼리 대화를 주고받거나 내용을 읽는 과정에서 깨닫도록 해야 빨리 습득한다. 워크시트를 돌려가면서 읽거나 짝을 지어 활동하면서 감상을 나누도록 하자. 도중에 실수를 발견하면 밑줄을 긋고 문법적 실수에는 G(Grammar의 첫 글자), 틀린 철자에는 S(Spelling의 첫 글자)를 쓰도록 한다. 교사가 첨삭하면서 오류를 정정하는 때에도 이 정도 선에서 멈춰야 한다. 학생들이 친구로부터 배우고 오류를 스스로 정정할 수 있는 단계에 이르면 자립한 학습자에 한발 더 접근하는 셈이다. 이 역시 수개월이 걸릴 수도 있지만, 시간을 들여 차근차근 지도하자.

교사와 주고받기

◉ **미지의 세계에 자연스럽게 노출하기**

  중학교 초기에는 교사와 학생 간 회화를 통해 자연스레 문법을 학습 시킬 수 있다. 예를 들면, "what's your name?"에 답할 수 있는 학생에게 "Where are you from?"이라고 질문한다. Where라는 단어를 처음 듣는 학생이라면 "네?"라고 반문할 것이다. 이 "네? 뭐라고요?"라는 감각이 중 요하다. 다른 학생에게도 같은 질문을 해서 학생들의 머릿속에 "?"를 심 어준다. 미지의 단어에 대한 호기심이 알고 싶다는 욕구로 바뀐다. 교사 는 이어서 "I'm from Shinagawa, Tokyo."라는 말을 이어간다. 사진 등을 사용해서 출신을 의미하는 표현임을 깨닫도록 한다. 커다란 장치는 들어 있지 않지만, '모르는 것을 알고 싶다.'라는 욕구를 일으키기에 충분하다.

문법 도입 예1 : When의 도입

교사 : 이름이 무엇인가요?	Teacher : What's your name?
학생 A : 유카입니다.	Student A: My name is Yuka.
교사 : 이름이 무엇인가요?	Teacher: What's your name?
학생 B : 겐타입니다.	Student B: My name is Kenta.

교사 : 생일이 언제인가요?	Teacher: When is your birthday?
학생 C : …?(어, 무슨 말이지?)	Student C: …?
교사 : 생일이 언제인가요?	Teacher: When is your birthday?
학생 D : …?(어, 무슨 말이지?)	Student D: …?
교사 : 내 생일은 4월 7일입니다.	Teacher: My birthday is April 7th.
교사 : 생일이 언제인가요?	Teacher: When is your birthday?
학생 E : 제 생일은 6월 6일입니다.	Student E: My birthday is June 6th.

문법 도입 예2 : 과거형의 도입

교사 : 평소 몇 시에 일어나나요?	Teacher: What time do you usually get up?
학생 A : 저는 (보통) 6시 반에 일어납니다.	Student A: I (usually) get up at 6:30.
교사 : 지난 일요일에 몇 시에 일어났나요?	Teacher: What time did you get up last Sunday?
학생 B : …?(어, 무슨 말이지?)	Student B: …?
교사 : 나는 지난 일요일에 8시에 일어났어요.	Teacher: I got up at 8 last Sunday.
교사 : 지난 일요일에 몇 시에 일어났나요?	Teacher: What time did you get up last Sunday?
학생 B : 저는 지난 일요일에 7시 반에 일어났습니다.	Student B: I got up at 7:30 last Sunday.

문법 학습 ❷
회화 속에서 배우기

◉ 장면을 명확하게 제시한 회화 속에서 배우기

문법은 그 문법이 쓰이는 일상적인 장면과 연결하면 이해하기 쉽다. CD 플레이어가 있으면 일상적인 회화를 들려주면서 어떤 장면일지 상상하게 한다. 그 후 회화의 스크립트(대본)를 짝끼리 연습하면서 자연스레 문법 표현을 이해하게 한다.

여기에서는 교재 『Step Up Talking』을 사용해 중학교에서 배우는 문법을 학습하는 방법을 소개하겠다.

Step 1_장면을 상상하기

그럼 교재 『Step Up Talking』을 꺼내세요.	Now let's take out *Step Up Talking*.
책을 아직 펼치지는 마세요.	Don't open your book yet.
우선 CD를 들으세요.	First, I'll play the CD.
주인공들이 어디에 있는지 상상해 보세요.	I want you to guess where they are.
그들이 무엇을 이야기하고 있을까요?	What are they talking about?

CD를 주의 깊게 들으세요.	Listen to the CD carefully.
각자의 생각을 짝과 공유하세요.	I want you to share your ideas with your partners.

Step 2_모델 회화를 연습하기

모델 회화를 연습하겠습니다.	Let's practice the model conversation.
CD를 듣고 따라 하세요.	Listen to the CD and repeat.

Step 3_관련 표현을 연습하기

유용한 표현을 연습합시다.	Let's practice the useful expressions.
CD를 듣고 따라 하세요.	Listen to the CD and repeat.

Step 4_자기표현 활동

짝과 가위바위보를 하세요.	Please play rock-scissors-paper with your partners.
이긴 사람은 A 부분을, 진 사람은 B 부분을 맡습니다.	Winners will play part A and losers will play part B.
짝의 답을 메모하세요.	Please take notes on your partners' answers.

Step 5_작문 활동

친구와 나눈 대화 내용을 쓰세요.	I want you to write about the conversations with your friends.

예문을 정리하며 배우는 'My Phrase Notebook'

◉ **교과서나 문법 참고서에 실린 예문으로 문법을 배우기**

해외 문법 참고서에는 자연스러운 영어 문장이 많이 실려 있다. 교과서 본문에 나오는 표현들과 섞어서 예문집을 만들면 문법을 더욱 쉽게 이해할 수 있다. 나는 학생들이 예문 확장에 도움이 되도록 수업 시간에 『Basic Grammer in Use』(Cambridge University Press)나 『ELEMENTS of SUCCESS』(Oxford University Press)를 사용한다.

◉ **MP 노트(My Phrase Notebook) 만들기**

공책의 왼쪽 페이지에 예문을 적고 오른쪽 페이지에는 해석을 적는다. 일련번호를 붙이면서 예문의 수를 늘려간다. 예문을 그저 베끼기만 하지 말고 주어를 본인으로 바꾸거나 친구나 가족 이름으로 대체하면서 자기만의 표현으로 발전시킨다.

교과서에서 예문 찾기

교과서 38쪽을 펴세요.	Open your textbooks to page 38.
문법의 목표 문장을 보세요.	Look at the target sentence of the grammar.

38쪽에서 이 문법의 예문을 찾으세요.	Find the examples of the grammar from page 38.
동사형에 주의해서 보세요.	Be careful of the form of verbs.
공책 왼쪽 장에 예문을 적으세요.	Write the examples on the left (hand side) page of your notebooks.
해석을 오른쪽 장에 적으세요.	Write the Japanese translations on the right (hand side) page of your notebooks.

문법 참고서에서 예문 찾기

『Basic Grammar』의 89쪽을 펴세요.	Open *Basic Grammar* to page 89.
'Be 동사＋~ing'의 예문을 공책에 적으세요.	Write the examples of "be + ...ing" on your notebooks.
주어를 친구 이름으로 바꾸어도 상관없어요.	You can change the subjects to your friends' names.
주어를 바꿀 때 동사형에 주의하세요.	When you change the subjects, be careful about the form of verbs.
공책을 짝과 맞바꾸세요.	Exchange your notebooks with your partners.
철자와 문법을 확인하세요.	Check the spelling and grammar.
만약 실수한 부분이 보이면 그곳에 밑줄을 그으세요.	If you find some mistakes, underline the part that is incorrect.

5

문법 학습 ❹

워크시트 작성하기

◉ 문법 설명 워크시트 만들기

워크시트나 칠판에 문법을 정리해 적는 일은 대부분 교사의 몫일 것이다. 그러나 자습력을 높이고 주체적인 학습자를 기르기 위해서 문법 정리도 학생에게 맡겨보자. 아무것도 적지 않은 A4용지를 학생들에게 나누어 주고 자유로이 적게 한다. 마지막에는 제일 완성도가 높은 워크시트를 인쇄해서 교실에 돌리거나 문법 수업에 활용한다.

그러나 갑자기 문법을 정리해 적으려면 학생들이 난감해할 테니 작성하는 방법을 조언해주자. 요즘 교과서에는 문법 설명이 충실하게 되어 있을뿐더러 별도의 참고서를 사용하는 학교도 있으니 이것들을 사용해 수업 중에 나온 예문과 관련지으면서 문법 정리를 종이에 자유롭게 적도록 한다.

활동 지시

이제 한 장의 종이를 나누어 줄 것입니다.	I'll give you a piece of white paper.
문법 포인트를 이해하기 위한 자기만의 오리지널 워크시트를 작성하세요.	I want you to make your own original worksheet to understand the grammar point.

교과서 125쪽을 참고해도 좋습니다.	You can refer to page 125 of the textbook.
교과서에 실린 표현을 사용하는 것은 좋은 아이디어네요.	It's a good idea to use the expressions from the textbook.
수업 시간에 사용한 예문을 사용하세요.	Use the examples used in our classes.
제일 잘된 워크시트는 복사해서 반 친구들에게 나누어 줄 거예요.	I'll copy the best worksheet for everyone.
다음 수업 시간까지 끝내주세요.	I want you to finish it by the next class.
다음 수업에서 여러분이 만든 워크시트로 문법 포인트를 직접 설명하게 할 겁니다.	In the next class, I want you to explain the grammar point using your worksheets.

학생이 만든 워크시트 작품 (부정사 설명)

(작성자 : 가네코 아이(金子 愛), 당시 중2)

문법 학습 ⑤
협력해서 완성하는 'Paper-go-around'

● Paper-go-around란

우선 1문 1답 형식으로 문법 문제를 20문항쯤 만들고 이 워크시트를 학생들에게 나누어 준다. 학생들은 그중에서 한 문제를 골라 답을 적고 'Written by' 란에 자기 이름을 적는다. 그런 다음 학급의 다른 친구와 워크시트를 교환한다. 이전 친구가 적은 답을 확인해서 틀렸다면 수정하고 'Checked by' 란에 자기 이름을 적는다. 그리고 다른 한 문제를 골라 답을 적고 또 다른 친구와 워크시트를 교환한다. 이 작업을 반복한다. 이렇게 워크시트를 학급 내에서 돌려가면서 학생들의 힘으로 완성해가는 활동이다. 반 친구 이름으로 가득한 워크시트를 이용해 복습하다 보면 최종적으로는 자력으로 문제를 풀 수 있게 된다.

활동 지시

Paper-go-around를 시작하겠습니다.	Shall we start Paper-go-around?
문제 하나를 선택해 그 질문에 답을 적으세요.	Pick one question and answer it.
답을 적은 후에는 이름을 적으세요.	After writing your answer, write your name.

누군가 다른 친구와 워크시트를 교환하세요.	Exchange your worksheet with somebody.
우선 친구가 쓴 답을 확인하세요.	Check the friend's answer first.
틀린 곳을 발견하면 색깔 펜으로 수정하세요.	If you find mistakes, correct it with a color pen.
친구의 답을 체크한 후에는 본인의 이름을 적으세요.	After checking the friend's answer, write your name.
본인도 문제를 하나 골라 답을 적고 이름을 쓰세요.	Answer another question and write your name.
워크시트를 누군가 다른 친구와 교환하세요.	Again, exchange your worksheet with somebody.
가능한 한 많은 문제를 풀도록 노력합시다.	Answer as many questions as you can.
시간이 다 됐습니다. 답 쓰기를 멈추세요.	Time is up. Stop answering questions.
워크시트를 원래 주인에게 돌려주세요.	Please return the worksheet to the original owners.
문법 포인트를 이해하기 위해 모든 해답을 체크하세요.	Check all the answers to understand the grammar point.

Paper-go-around 워크시트의 예

(name :   )

A. Choose the correct words for each.

(1) She kept _____ about her son's future.

(Written by   Checked by   )

① think ② thinking ③ thought ④ to think (교과서 p. 62)

(2) The comedian seems _____ by most people.

(Written by   Checked by   )

① forget ② forgetting ③ forgotten ④ to forget (교과서 p. 62)

문법 학습 ❻
컴퓨터를 사용한 활동

◉ 다수가 한 대의 컴퓨터를 사용한다

　한 사람이 한 대의 컴퓨터나 태블릿 단말기를 사용할 수 있는 환경이 자리 잡은 지 오래지만, 이번 활동에서는 일부러 여러 학생이 컴퓨터 한 대만 사용하기를 제안한다. 다수의 학생이 컴퓨터 한 대를 사용하면 하나의 화면을 중심으로 논의가 탄생하고 능동적인 활동으로 이어진다.

세계 최고를 발견해 발표하기

오늘은 세계 기록을 몇 가지 찾아 봅시다.	Today I want you to find some world records.
예를 들면 제일 큰 호수, 제일 긴 강, 제일 높은 건물, … 이런 식이 죠.	For example, the largest lake, the longest river, the tallest building….
정보를 얻기 위해 컴퓨터를 사용 해도 좋습니다.	You can use computers to search for the information.
각각의 모둠에서 논의를 활성화하 기/만들어내기 위해 컴퓨터는 한 대만 사용하세요.	Each group will share one computer to <u>stimulate</u> / <u>create</u> discussion.

모둠별로 한 대의 컴퓨터만 공유하세요.	Share a computer in a group.
우선 세계 최고에는 무엇이 있는지 가능한 한 많이 찾아보세요.	First, try to find as many world records as possible.
찾아본 최고들 중에서 발표에 적합한 것을 하나 고르세요.	Next, choose one of them to make presentations about.
사진이 있으면 슬라이드에 붙여 넣어도 좋습니다.	If you find some pictures, you can paste them on your slide.
20분 후에 친구들 앞에서 발표할 것입니다.	In 20 minutes, each group will make presentations in front of the class.
발표 시간은 1분입니다.	You have 1 minute for the presentation.
파워포인트를 사용해도 괜찮아요.	You can use Power Point for your presentation.

쓰기 훈련 ❶
게임을 통해 즐기는 'Word Relay'

◉ **읽을 수 있다면 이제 쓸 수 있도록**

읽기 활동을 통해 눈에 익은 단어들이 늘어나면 쓰기 훈련에 돌입한다. 처음에는 단어만으로도 가능한 연습을 통해 적응 기간을 갖는다. 중학교 초기에 사용할 수 있는 Word Relay Game이라는 단어 끝말잇기 게임을 소개하겠다.

활동 지시

그럼 워드 릴레이 게임을 해볼까요?	Now let's start a word relay game.
네 명/여섯 명이 하나의 모둠을 만드세요.	Make a group of <u>four</u> / <u>six</u>.
각 모둠에 종이를 한 장씩 주겠습니다.	I'll give you a piece of paper for each group.
가위바위보를 하세요.	Play rock-scissors-paper.
이긴 사람은 종이에 영어 단어 하나를 적어주세요.	Winners will write one English word on the paper.

다음 학생이 전 단어의 마지막 글자로 시작하는 단어를 적어야 합니다.	Next students have to write a word using the last letter of the previous word.
예를 들면, apple의 다음은 elephant, table, ….	For example, apple-elephant-table….
시계 방향으로 종이를 돌리세요.	Pass the paper in a clockwise direction.
제일 많은 단어를 적은 모둠이 이깁니다.	The group that wrote the most words is the winner.
사전/교과서를 보아도 상관없어요/보면 안 됩니다.	You <u>can</u>/<u>can't</u> look at your <u>dictionaries</u>/<u>textbooks</u>.
이 게임은 5분간 진행하겠습니다.	I'll give you 5 minutes for the game.
준비되었나요? 시작!	Are you ready? Ready go!
쓰기를 멈추세요.	Stop writing!
다른 모둠과 종이를 교환하세요.	Exchange the paper with another group.
철자를 확인하면서 옳게 쓴 단어를 세세요.	Check the spelling and count the correct words.
얼마나 많은 단어를 적었나요?	How many words did the group write?

칠판에 적게 하기

각 모둠에서 한 명씩 칠판 앞으로 나와서 하나의 단어를 쓰세요.	A player from each group come to the board and write a word.
분필/마커를 다음 학생에게 건네세요.	Pass the <u>chalk</u> / <u>marker</u> to the next student.

함께 완성하자! 'Story Making'

◉ 문장을 연결해 이야기 만들기

'Story Making'은 교사가 만들어놓은 첫 문장에 학생들이 문장을 추가하면서 이야기를 만들어가는 활동이다. 예를 들면, "Tom went to the park yesterday."가 칠판에 적혔다면 의미가 이어지는 문장 하나를 한 사람씩 생각하면서 릴레이 형식으로 이야기를 완성한다. 마지막에 완성된 이야기를 발표하거나 그림책 혹은 연극으로 만들기도 한다.

🔲 Teacher : Once upon a time… (칠판에 쓴다.)

    Student A : There was a dragon.

    Student B : The dragon's name was Douglas.

    Student C : Douglas was believed to be a very angry dragon.

    Student D : However, that was not true.

    Student E : He was actually a very nice dragon.

    Student F : Douglas loved to give hugs and …

활동 확인

스토리 메이킹을 시작합시다.	Let's start Story making!
네 명이 한 조를 만드세요.	Let's get into a group of four.
모둠별로 종이를 한 장씩 주겠습니다.	I'll give you a piece of paper for each group.
칠판에 첫 문장을 적겠습니다.	I'll write the first sentence on the board.
처음 학생이 문장 하나를 추가하세요.	The first student will add one sentence to it.
이야기를 만들기 위해서 한 문장씩 적어야 합니다.	You should write a sentence to make a story.
이야기의 그림을 상상하면 문장을 만드는 데 도움이 될 겁니다.	If you image a picture of the story, it will help you to make a sentence.
문장 만들기 위해 5W1H를 염두에 두세요.	Keep 5W1H in your mind to make a sentence.
5분 후에 조별로 이야기를 읽을 겁니다.	In 5 minutes, each group will read your story.
5분 후에 조별로 이야기의 그림을 그릴 겁니다.	In 5 minutes, each group will draw pictures of the story.
이야기를 완성한 후에 모둠별로 연극을 할 겁니다.	After making a story, each group will perform their story.

논리적인 결론을 위한 'OREO Writing'

◉ 논리적인 문장을 만들기 위해

OREO는 O(Opinion), R(Reason), E(Explanation, Example, Evidence, Experience 등), O(Opinion)을 줄인 말이다. 이 순서대로 문장을 만들어가면 논리적으로 정리된 문장을 만들 수 있다. O(Opinion) 대신 P(Point)를 집어넣어 PREP라고도 한다. 미국에서는 과자 이름과 같아서 외우기도 쉬울 뿐 아니라 널리 쓰이는 표현이다.

Opinion	
In my opinion … / My favorite … / I think … / I believe …	
Reasons	**Explanations**
First, … / To begin with… Second, … / Next, … Most importantly… Finally, … / One last reason…	For example, … In fact, … According to…, In other words, … Additionally, …
Opinion	
In conclusion, … / To sum it up, … / To summarize, …	

　O : Strawberries are my favorite food.

　R : They are so sweet and delicious.

　E : I can eat them for a snack or dessert and they are healthy.

　O : My favorite food is strawberries.

활동 확인

오늘은 여러분이 좋아하는 계절에 대해 적어봅시다.	Today I want you to write about your favorite season.
영어 문장을 만들 때는 늘 OREO 를 기억하세요.	When you write an English passage, you should always remember OREO.
O는 opinion, '의견'입니다. 여러분의 의견부터 적으세요.	O is "opinion". Start with your opinion.
R은 reason, '이유'입니다. 본인이 제시한 의견의 이유를 적으세요.	R is "reason". Give a few reasons for having this opinion.
E는 explanation, '설명'입니다. 의견을 뒷받침하는 설명을 하세요.	E is "explanation". Give explanations to support your opinion.
여기에 사례나 경험, 증거를 제시해도 좋습니다.	You can give examples, experiences and evidence here as well.
O는 다시 opinion, '의견'입니다. 한 번 더 의견을 적으세요.	O is "opinion" again. Restate your opinion.

모델이 있으면 글쓰기가 쉬워진다

◉ 모델 표현에서 자기 표현으로

작문 활동에서 제일 큰 장애물은 '쓸 게 없다'며 고민하는 학생에게 어떻게 대응하느냐이다. 어느 학생이건 주제에 따라서는 쓸 내용이 떠오르지 않을 때가 있다. 그럴 때 모델이 되는 문장을 제시하고 자기 표현으로 발전시키는 방법을 소개하겠다.

워크시트를 사용하는 경우

같은 주제에 대해 서로 다른 의견이 담긴 워크시트(worksheet A/ worksheet B)를 각각 작성한다. 예를 들면, "교복은 폐지해야 한다."라는 주제로 worksheet A에는 찬성 의견, B에는 반대 의견을 실은 글을 작성한다.

worksheet A	worksheet B

I agree with this opinion.
I have two reasons.
  First, …
	I disagree with this opinion.
	I have two reasons.
	  First, …

짝마다 두 종류의 워크시트를 주겠습니다.	I'll give you two different worksheets for each pair.
오른쪽 학생이 워크시트 A를 사용하세요.	Students on the right will use worksheet A.
왼쪽 학생은 워크시트 B를 사용하세요.	Students on the left will use worksheet B.
의견을 이해하기 위해 2분 동안 워크시트를 읽으세요.	Read your worksheet to understand the opinion for 2 minutes.
오른쪽 학생은 워크시트를 짝에게 읽어주세요.	Students on the right will read your worksheet to your partners.
왼쪽 학생은 반응을 크게 해주세요.	Students on the left will make good reactions.
교대하겠습니다. 왼쪽 학생이 워크시트를 읽어주세요.	Switch parts. Students on the left will read your worksheet.

슬라이드를 사용하는 경우

서로 다른 의견을 스크린에 띄운다. 처음에는 짝 중 오른쪽 학생만 스크린을 보고 왼쪽 학생은 고개를 숙인다. 오른쪽 학생은 스크린에 적힌 의견을 왼쪽 학생에게 전달한다. 요령은 워크시트를 사용했을 때와 같다.

오른쪽 학생은 스크린에 표시된 의견을 읽을 수 있습니다.	Students on the right can read an opinion on the screen.
왼쪽 학생은 스크린을 보면 안 됩니다.	Students on the left, don't look at the screen.
오른쪽 학생은 짝에게 스크린의 의견을 읽어주세요.	Students on the right, read the opinion to your partners.

상반된 의견을 나타낸 모델의 예

> **Topic : Which do you like more, country living or city living?**

중학생 레벨 Junior High School level

O: I like the countries more. The air is cleaner. **R:** There are fewer cars in the country. **E:** With fewer cars the air does not get as dirty. **O:** Therefore the air is cleaner in the country.	**O:** I like cities. The city is more fun. **R:** There are more things to do in the city. **E:** I can easily go to the movies, karaoke, shopping, or do many other activities. **O:** Therefore there is more fun to be had in the city.

고등학생 레벨 High School level

O: Living in the country is cheaper. **R:** There is more of a demand for housing in the city. **E:** As many people demand housing, prices can be higher making living expenses quite high. **O:** Thus, living in the country is less expensive.	**O:** The city provides more opportunities. **R:** In the city, there are many jobs, schools, and activities. **E:** I can choose if I would like to work or go to school and I have a wide variety of jobs and schools to choose from. **O:** This is why living in the city gives people more opportunities.

Topic : Which do you like more, writing letters or e-mails?

중학생 레벨 Junior High School level

O: Letters show more feelings.
R: Writing a letter takes more time, so we have to think deeply about the other person.
E: I only write letters to important people like friends or family. However, I often write e-mails to people I don't know very well.
O: Therefore letters are more caring than e-mails.

O: E-mails are fast.
R: Sending an e-mail only takes a few minutes to write and is sent right away.
E: We can quickly write an important message and the other person will get it soon. However, a letter takes more time to write and a long time for the person to get it.
O: Therefore, e-mails are very fast.

고등학생 레벨 High School level

O: Letters show more affection.
R: Writing a letter requires a lot of time and thought.
E: When I receive a letter I feel loved and appreciated because the person took the time and put a lot of thought to put pen to paper.
O: Therefore, writing a letter is affectionate.

O: We can share information quickly with e-mail.
R: E-mails can be typed quickly and they are received instantly.
E: I can send an e-mail from anywhere in the world and the person will receive it within seconds. If I write a letter it takes days or weeks for the person to receive it.
O: Therefore, e-mail is a quick way to share information.

Topic : Cell phones should be allowed in school.

중학생 레벨 Junior High School level

O: I agree with this opinion. Cell phones can help students learn. **R:** Students can use cell phones to research something or listen to audio files. **E:** I often use Google on my phone to find information or to listen to English programs. **O:** Thus, cell phones should be allowed in school because they can help students learn.	**O:** I don't agree with this opinion. Students can cheat using a cell phone. **R:** Students can text information and the answers of tests to each other. **E:** If class A takes a test before class B, they can use their phones to text their friends answers in other classes. **O:** This is why cell phones should not be allowed in school because students can cheat.

고등학생 레벨 High School level

O: I agree with this opinion. Students can use cell phones in an emergency. **R:** Cell phones allow students to call for help if there is a big problem. **E:** If there is an earthquake, students can quickly call for help or support. They can also notify their family of their wellbeing. **O:** Therefore, cell phones can save lives in an emergency.	**O:** I don't agree with this opinion. Cell phones are a big distraction for students. **R:** Students pay more attention to games, social media, and other applications on their phone than on their homework. **E:** Instead of studying during breaks or after school, students use the time on their cell phones. They also get distracted by the vibrating and noises of cell phones. **O:** Thus, the distractions of cell phones are too great for students so they should not be allowed to use them at school.

쓰기 훈련 ❺

함께 돌아보며 감상을 적는 'Gallery Walk'

◉ **Gallery Walk란**

본인이 만든 영작문 공책이나 시트를 책상 위에 펼쳐놓고 전원이 자리에서 일어나 교실을 갤러리(화랑, 미술관)처럼 돌면서 보는 활동이다. 친구들의 영문에 감상을 써넣거나 마음에 드는 표현, 또는 틀린 표현에 밑줄을 긋기도 한다.

All English로 가능한 액티브 러닝 영어 수업

활동 설명

갤러리 워크를 시작하겠습니다.	Let's start the gallery walk.
여러분이 작성한 (짧은) 작문을 책상 위에 올려놓으세요.	Put your (short) essays on your desks.
이제 친구들의 작문을 읽으세요.	Now I want you to read your friends' essays.
작문을 읽을 때 세 가지 중요한 규칙을 지켜주세요.	When you read an essay, there are 3 important rules.
첫째, 다른 생각을 읽는 것을 즐기세요.	First, enjoy reading different ideas.
둘째, 마음에 드는 표현에는 밑줄을 긋고 아래에 'good'라고 적어주세요.	Second, underline the good expressions and write "good" under it.
셋째, 짧은 코멘트와 본인의 이름을 적으세요.	Third, write your short comments and your names.
만약 문법이나 철자가 틀렸다면 밑줄을 그으세요.	If you find grammar or spelling mistakes, underline them.
문법적인 실수에 G를, 틀린 철자에는 S라고 쓰세요.	Write G for grammar mistakes and S for spelling mistakes.
화랑 안에 있으므로 정숙해야 합니다.	You are in a gallery. So you must be quiet.
교실 안을 자유로이 돌아다니며 작문을 읽으세요.	Walk freely to read essays in the classroom.
가능한 한 많은 문장을 읽으세요.	I want you to read as many essays as possible.

시험 시간이나 문제 풀이 시간에 사용할 수 있는 기본 문장

제6장에서는 정기 고사나 대학교 입시 문제를 활용하여 수업할 때 필요한 구문들을 정리했으며 정기 고사 출제에 쓸 수 있는 표현들도 실었다. 영어로 진행하기에 자신감을 얻었다면, 시험 문제도 영어로 출제해보자.

1

정기 고사나 모의고사 등 시험이 끝난 후 문제 풀이

◉ **시험이 끝난 후에 배울 것이 더욱 많다**

시험은 복습이 중요하다. 교사가 일방적으로 해설하는 것이 아니라 모둠이나 짝끼리 문제를 되짚어가면서 문제에 대한 이해력을 높일 수 있어야 한다.

활동 도입

중간고사 치르느라 고생 많았습니다.	I know you worked very hard for the mid-term exam.
오늘은 시험 문제 풀이를 해봅시다.	Let's review the test today.
몇 점을 받았는가보다 제대로 이해를 했는지 확인하는 게 더 중요해요.	Checking your understanding is more important than the score.
중간고사 문제지를 갖고 있지요?	Do you have the question sheet of the mid-term exam?

지그소 법으로 해답 및 해설을 공유하기

네 명이 하나의 모둠을 만들고 모든 문제를 다시 풀어보세요.	Make a group of four and review all the questions.

각 문제에 대한 해설과 해석을 벽에 붙여놓았습니다.	I put the explanations for each question and the Japanese translation on the wall.
여덟 문제이므로 한 사람당 적어도 두 문제를 이해해야 합니다.	There are 8 questions, so each student should understand at least 2 questions.
벽에 붙은 정보를 읽고 문제와 해설을 이해하는 데 10분 주겠습니다.	I'll give you 10 minutes to read the information on the wall and to understand the questions and explanations.
모둠별로 각자 맡을 문제를 나누고 해설을 확인하세요.	Share the questions in your group and check the explanations.
만약 해설을 읽어도 모르겠으면 친구에게 물어보세요.	If you don't understand the explanation, you can ask your friends.
시간이 다 되었습니다. 자리로 돌아가 여러분이 담당한 문제를 설명하세요.	Time is up! Go back to your seat and explain your questions.

베스트 답을 만들기

8번 문제를 풀어봅시다.	Now I want to look at question 8.
각 모둠에서 8번 문제에 대한 모범 답안을 만들어주세요.	I want each group to make the best answer for question 8.
모범 답안을 만드는 데 5분 주겠습니다.	I'll give you 5 minutes to make the best answer.
그럼 모둠별로 한 명씩 칠판에 가장 적절한 답을 적으세요.	OK. One student from each group will write your best answer on the blackboard.

입시 문제로 연극 대본 만들기

◉ **입시에 출제된 대화문을 이용해 역할극 만들기**

대학교 입시 센터 시험(대학교 입시 센터에서 수험자를 대상으로 각 대학교와 협력해 치르는 시험. – 옮긴이)을 비롯해 입시 문제에는 대화문이 많이 출제된다. 그 대화문을 사용해 스킷(skit, 촌극, 역할극)을 만들어 연기하면 영어 문장을 몸으로 이해할 수 있다. 여기에서도 입시 문제임을 알려주지 않고 활동 후에 실제 입시 문제를 보여주면 좋다.

입시 문제 예시

〈2007년도 센터 시험에서 발췌, 내용 일부 변경〉

Mari: This is really a gorgeous restaurant, isn't it?
Katy: The dinner was great, too. How much should I pay?
Mari: Tonight, be my guest. Really, I insist. ⬚⬚⬚⬚⬚⬚
Katy: Thanks a lot.

1. It's on me.
2. It's 5,250 yen for each person.
3. I don't have much money.
4. Let's split the bill.

문제의 [   ]에 정답인 1. It's on me.를 넣고 모델 문장을 작성한다.

Mari: This is really a gorgeous restaurant, isn't it?
Katy: The dinner was great, too. How much should I pay?
Mari: Tonight, be my guest. Really, I insist. It's on me.
Katy: [   ]

"It's on me(내가 낼게.)."라는 말을 들은 후에 어떤 답이 올지 문장을 상상해 역할극을 만들게 한다. 이처럼 문장 하나를 지우고 각자 채워넣게 함으로써 자유로운 발상을 유도한다.

〈2016년도 센터 시험에서 발췌〉

Diego: Did you do the English homework? It was difficult, wasn't it?
Fred: Oh! I totally forgot about it.
Diego: You can do it during lunch time.
Fred: There's little point in even trying. [   ]
Diego: Don't give up. You need to pass English, right?

1. I'm sure I can make it.
2. It'd be a waste of time.
3. Let me see what you can do.
4. You don't want to miss it.

이 문제에서는 [   ]에 정답 2. It'd be a waste of time.을 넣고 대신 모델 문장의 밑줄 친 부분을 대체할 다른 문장을 생각하게 한다. 이 경우 문맥상 '격려하는 표현'으로 국한될 것이다. 내용이 정해진 만큼 문맥을 명확하게 이해하는 힘을 길러줄 것이다.

정기 고사나 쪽지 시험에 사용할 수 있는 표현들

◉ 시험 출제도 영어로

GTEC나 TEAP, TOEFL 등 민간 영어 시험의 문제지에는 모두 영어로 적혀 있으며 대학교 입시에서도 영어로 문제를 내는 경우가 적지 않다. 평소 시험을 통해 영어 문제에 익숙해지도록 하면 도움이 된다.

시험의 명칭

1st mid-term examination	1학기 중간고사
1st end-term examination	1학기 기말고사
2nd mid-term examination	2학기 중간고사
2nd end-term examination	2학기 기말고사
Year-end examination	학년말 고사
Routine examination	정기 고사
Interview test / examination	면접시험
Speech / presentation test	스피치 / 프레젠테이션 시험
Practice / Mock test	모의고사
Written test	필기시험
Makeup examination	재시험

지금부터 시험지를 나누어 주겠습니다.	I'm going to give you the test paper.
연필과 지우개 외에는 전부 집어넣으세요.	Please put your stuff away except for pencils and erasers.
출석 번호와 이름을 잊지 말고 적으세요.	Don't forget to write your student number and name.
시험지는 모두 네 페이지입니다.	You should have four pages in all.
빠진 페이지가 있으면 알려주세요.	If any pages are missing, let me know.
시작하라는 말을 할 때까지 아무것도 적지 마세요.	Don't write anything until I tell you to start.
남은 시간 5분입니다.	You have 5 more minutes to go.
시간이 다 되었습니다. 동작을 멈추세요.	Time is up. Please stop now.
답안지를 내세요.	Turn the answer sheet over.
짝과 답안지를 교환하세요.	Exchange your answer sheet with your partners.
짝의 답을 체크하세요.	Check the partners' answers.
뒤에서부터 앞으로 답안지를 보내세요.	Please collect the answer sheets from back to front.
모두 수고했습니다.	You did very well for the test.
시험이 어려웠나요?	Was the test / exam difficult?

평균 점수는 72점입니다.	The average score is 72.
최고 점수는 98점이었습니다.	The highest score was 98.
30점 이하를 받은 학생은 재시험을 치르겠습니다.	I'll give a makeup test for those who scored under 30.
만일 채점에 의문이 있다면 가지고 오세요.	If there are any grading mistakes, bring them to me.

사용 빈도가 높은 출제용 문장

① 일반적인 지시

빈칸 (1)에 적절한 단어를 넣으시오.	Fill in the blank (1) with an appropriate word.
네 개의 보기 중 가장 어울리는 답을 고르시오.	Choose the best answer from the four choices.

② 듣기 Listening

각 담화에 질문이 하나씩 있다. 각 질문에 가장 적절한 답을 고르시오.	Each passage will have one question. Choose the best answer to each question.
각 대화에 질문이 하나씩 있다. 각 질문에 가장 적절한 답을 고르시오.	Each dialogue will be followed by one question. Choose the best answer to each question.
각 담화에 네 개의 질문이 있다. 각 질문에 가장 적절한 답을 고르시오.	Each passage will be followed by 4 questions. Choose the best answer to each question.

③ 독해 Reading

다음 이야기를 읽고 질문에 답하시오.	Read the following story and answer the questions.
다음 글을 읽고 빈칸에 들어갈 가장 적절한 단어 혹은 어구를 네 개의 보기에서 고르시오.	Read the following passage and choose the best word or phrase from among the four choices for each blank.
다음 글을 읽고 본문의 내용과 일치하는 것을 고르시오.	Read the following passage and choose the items corresponding to the content.
본문 내용과 일치하는 것을 두 개 고르시오.	Choose two statements that agree with the text.
다음 중 본문의 제목으로 적절한 것을 골라 번호로 답하시오.	Write the number of the statement that will make a good title for the text.
밑줄 친 (1)과 같은 의미의 단어를 글 속에서 찾으시오.	Find a word in the passage that has the same meaning as the underlined part (1).
다음 이야기를 300단어 이내로 요약하시오.	Summarize the following story in 300 words or less.
밑줄 친 (B)는 어떤 의미인지 100자 이내의 일본어로 서술하시오.	Sum up what the underlined part (B) means in under 100 Japanese characters.

④ 영작문 Writing

다음 질문에 대해 적절한 답을 적으시오.	Write appropriate answers to the following questions.
'팀워크의 중요성'에 대해 300단어 내외로 영작하시오.	Write an essay of about 300 words on "The Importance of Teamwork".
아래 이메일을 읽고 적절한 답변을 적으시오. 답변은 100단어 정도로 적으시오.	Read the e-mail below and write an appropriate response. Your response should be around 100 words in length.

⑤ 문법 기타

다음 문장을 완성하기 위해 가장 적절한 답을 고르시오.	Choose the most suitable answer from those below to complete the following sentence.
각 글을 완성하기 위해 가장 적절한 단어나 어구를 네 개의 보기에서 고르시오.	To complete each item, choose the best word or phrase from among the four choices.
단어를 올바른 어순으로 배열하시오.	Arrange the words in the correct order.
각 두 개의 문장이 같은 의미가 되도록 빈칸에 적절한 말을 넣으시오.	Insert an appropriate word into the blanks so that the two sentences of each pair have the same meaning.
다음 문장에서 틀린 곳이 있다면 바르게 고치시오.	Correct the errors, if any, in the following sentences.

학생들에게 이것만은 알려주자!
수업 전에 알아두면
유용한 문장집

제7장에서는 영어로 수업을 진행하기 위해서 학생들이 미리 익혀두면 편리한 문장들을 모았다. 수업 시간에 일상적인 회화를 적극적으로 주고받으면서 학생들이 이 문장들을 반복적으로 사용할 수 있도록 의식하자.

수업을 시작하기 전에 사용할 수 있는 표현

선생님, 교과서를 안 가져왔어요.	Mr. Tanaka, I forgot my textbook.
선생님, 숙제를 까먹고 놓고 왔어요.	Mr. Tanaka, I forgot to bring my homework with me.
오늘 수업에서 사전을 쓰나요?	Will we use dictionaries in today's lesson?
공책을 안 갖고 왔어요. 종이 한 장만 주세요.	I forgot my notebook. May I have a sheet of paper?
아베는 양호실에 있어요.	Ms. Abe is in the nurse's room.
니시무라는 오늘 학교에 안 왔어요.	Mr. Nishimura is absent today.
그 애는 감기에 걸려서 결석했어요.	He / She is absent because he / she has a cold.
왜 결석했는지는 모르겠어요.	I don't know why he / she is absent.
늦어서 죄송합니다.	I'm sorry I'm late.
머리가 아파요. 양호실에 가도 돼요?	May (Can) I go to the nurse's room? I have a headache.
사물함에서 사전을 가져와도 돼요?	May (Can) I go to my locker to get my dictionary?
지난 수업에서 쓴 워크시트가 필요해요.	May (Can) I have the worksheet of the previous lesson?
어디에 앉아요?	Where should we sit?
출석 번호 순으로 앉아요?	Should we sit according to our student number?

수업을 시작할 때 사용할 수 있는 표현

선생님, 여기는 지난 시간에 했어요.	Mr. Tanaka, we did this part in the previous lesson.
선생님, 숙제 안 걷으세요?	Mr. Tanaka, didn't you collect the homework assignment?
좀 더 천천히 말씀해주세요.	Could you speak more slowly?
한 번 더 말씀해주세요.	Could you say that one more time?
좀 더 크게 말씀해주세요.	Could you speak a little louder?

워크시트를 나누어 줄 때의 표현

선생님, 인쇄물/워크시트/복사본이 한 장 모자라요.	Excuse me, I want one more handout / worksheet / copy.
인쇄물/워크시트/복사본이 한 장 남았어요.	There is one extra handout / worksheet / copy.
석 장 남았어요.	There are three extra ones.
이건 백지인데요.	This is a blank sheet. / This one is blank.
복사본을 새것으로 바꿔주세요.	May I exchange this copy for a new one?
같은 게 두 장이에요.	I have two sheets of the same paper.

모를 때의 표현

질문이 있습니다.	May I ask you a question?
지금 몇 쪽이에요?	What page are we on now?
잘 모르겠습니다.	I'm afraid I have no idea.
시간을 조금 주세요.	Please let me think for a while.
이제 무엇을 하면 돼요?	What should we do now?
문제가 무슨 뜻인지 모르겠어요.	I don't understand the question.
이 답은 왜 틀려요?	Why is this answer wrong?
이 단어를 못 읽겠어요.	I can't read this word.
선생님. 글씨가 너무 작아서 안 보여요.	Mr. Tanaka, your writing is too small to read.
지금 어디 하는 거예요?	Where are we now?

부탁할 때의 표현

사전을 찾아봐도 되나요?	Can I use my dictionary?
이 단어를 어떻게 발음해요?	Could you pronounce this word?
그 단어를 조금 천천히 발음해주시겠어요?	Could you pronounce / say the word more slowly?
제 발음이 맞나요?	Could you correct my pronunciation?
(이 질문의) 답을 알고 싶어요.	Could you tell me the right answer (to this question)?
칠판에 적어주세요.	Could you write it on the board?

힌트 좀 주세요.	Could you give us some hints?
일본어로 말해도 돼요?	May I use Japanese?

짝 활동, 모둠 활동과 관련된 표현

선생님, 짝이 없어요.	Excuse me, I don't have a partner.
누구랑 짝을 만들어요?	Who should I pair with?
누가 먼저 해요?	Who should start first?
짝은 하고 싶은 친구랑 해도 돼요?	Can we make pairs freely?
모둠은 남자와 여자를 섞어서 만들어요?	Should we make boy-girl groups?
네 명씩 모둠을 만들면 돼요?	Should we make a group of four?
다섯 명이 한 모둠이어도 괜찮아요?	Can we make a group of five?
다음에는 누구 차례야?	Whose turn is next?
내/네/와타나베 차례야.	It's <u>my</u> / <u>your</u> / <u>Mr. Watanabe's</u> turn.

건강에 관한 표현

선생님, 속이 안 좋아요. 양호실에 가도 돼요?	Mr. Tanaka, I feel sick. May I go to the nurse's room?
머리가 아파요/배가 아파요/열이 나요.	I have a <u>headache</u> / <u>stomachache</u> / <u>fever</u>.
선생님, 요시다 어디가 아픈가 봐요.	Mr. Tanaka, Ms. Yoshida looks sick.
감기에 걸려서/목이 아파서 큰 소리로 말을 못해요.	I can't speak louder because I have a <u>cold</u> / <u>sore throat</u>.
더워요. 겉옷을 벗어도 괜찮아요?/창문을 열어도 돼요?	It's hot. May I <u>take off my jacket</u> / <u>open the window</u>?
추워요. 코트를 입어도 괜찮아요?/창문을 닫아도 돼요?	It's cold. May I <u>put on my coat</u> / <u>close the window</u>?

숙제에 관한 표현

죄송합니다. 까먹고 숙제를 안 했습니다.	I'm sorry. I forgot to do my <u>homework</u> / <u>assignment</u>.
내일 가져와도 돼요?	May I bring it tomorrow?
숙제는 언제까지 내요?	What is the due date for the <u>homework</u> / <u>assignment</u>?
공책/레포트 용지에 적어요?	Should we write it on our <u>notebook</u> / <u>report paper</u>?
숙제는 했는데, 집에 놓고 왔어요.	I did my homework, but I left it at home.

수업이 끝날 때 쓸 수 있는 표현

오늘 문법의 요점이 무엇인지 모르겠어요.	I don't understand today's grammar point.
숙제로 무엇을 해야 하는지 모르겠어요.	I don't understand what to do for the homework.
오늘의 요점을 한 번 더 설명해주세요.	Could you explain today's point once again?
오늘 수업을 어떻게 복습해야 하나요?	How should we review today's class?
다음 수업을 위해 무엇을 준비하나요?	What should we <u>do</u> / <u>prepare</u> for next class?
스피킹 시험/발표 시험은 언제예요?	When is the <u>speaking</u> / <u>presentation</u> test?

방과 후에 쓸 수 있는 표현

선생님, 시간 좀 있으세요?	Excuse me. Do you have <u>time</u> / <u>a minute?</u> / Are you free, right now?
드릴 말씀이 있어요.	May I ask you a favor?
방과 후에 교무실에 계시나요?	Will you be in the teachers' room after school?
이토 선생님, 언제 시간이 나세요?	Mr. Ito. when will you be free?
제 논문/작문/스피치 좀 체크해주세요.	Could you check my <u>essay</u> / <u>writing</u> / <u>speech?</u>
스피치를 듣고 고칠 점을 알려주세요.	Could you listen to my speech and give me some <u>advice</u> / <u>tips?</u>

'big'과 'large'의 차이가 뭐예요?	What is the difference between "big" and "large"?
CD 좀 빌려도 돼요?	Could you lend me your CD?
듣기 실력이 좋아지려면 어떻게 해요?	How can I improve my listening ability?

　"Impossible is potential(불가능이 가능성이다.)."(모하메드 알리). '불가능한 일'은 '가능하게 만드는 일'이다. 나는 학생들의 웃는 모습을 보면 이 말이 떠오른다. 모두 실수해도 웃으면서 즐겁게 액티브 러닝 영어 수업을 만들어가기 바란다.

영어로 하는 영어 수업

초판 1쇄 발행 2019년 2월 28일

원작 All Englishでできるアクティブラ＿ニングの英語授業

지은이 야마모토 다카오   **옮긴이** 정현옥   **발행인** 도영

표지 디자인 page9   **내지 디자인** 손은실   **마케팅** 김영란

발행처 솔빛길 등록 2012-000052   **주소** 서울시 마포구 동교로 142, 5층(서교동)

전화 02) 909-5517   **Fax** 0505) 300-9348   **이메일** anemone70@hanmail.net

ISBN 978-89-98120-58-0